江晓原 主编

科学验证:
那些天空及
世间的证明

Verifications
of
Science:

The Proof of the Sky and
the Earth

江晓原科学读本

上海教育出版社

3

目录

1	导言	江晓原
1	天鹅座 61 的视差	F. W. 贝塞尔
11	海王星发现史	J. C. 亚当斯
19	周武王伐纣时见过哈雷彗星吗？	江晓原
25	根据 1919 年 5 月 29 日的日全食观测测定太阳引力场中光线的弯曲	F. W. 戴维　A. S. 爱丁顿　C. 戴维森
39	从光线弯曲的验证历史看广义相对论的正确性问题	钮卫星
55	1835 年的月亮：一场可喜的骗局	江晓原
61	膨胀宇宙的物理学	G. 伽莫夫
75	永恒的边界	卡尔·萨根
107	火星故事：在幻想与现实之间	江晓原

131　引力波和它的社会学及不确定性｜江晓原

139　地球 2.0：又一堂令人沮丧的算术课｜江晓原

145　宇宙：隐身玩家的游戏桌，还是黑暗森林的修罗场？｜江晓原

153　概率论在彩票游戏中帮助谁？｜江晓原

159　我们的身体是"客观存在"吗？｜江晓原

165　从韩春雨事件看影响因子迷信之误人｜江晓原

导言

江晓原

科学与科学精神

"什么是科学"与"什么是科学精神"都是非常难以确切回答的问题。下面是当代学者对科学的较为可取的特征描述:

A. 与现有科学理论的相容性:现有的科学理论是一个宏大的体系,一个成功的科学学说,不能和这个体系发生过多的冲突。

B. 理论的自洽性:一个学说在理论上不能自相矛盾。

C. 理论的可证伪性:一个科学理论,必须是可以被证伪的。如果某种学说无论怎么考察,都不可能被证伪,那就没有资格成为科学学说。

D．实验的可重复性：科学要求其实验结果必须能够在相同条件下重复。

E．随时准备修正自己的理论：科学只能在不断纠正错误不断完善的过程中发展前进，不存在永远正确的学说。

在此基础上，对于科学精神比较完整的理解也可以包括：

理性精神——坚持用物质世界自身来解释物质世界，不诉诸超自然力。

实证精神——所有理论都必须经得起可重复的实验观测检验。

平等和宽容精神——这是进行有效的学术争论时所必需的。所有那些不准别人发表和保留不同意见的做法，都直接违背科学精神。

不能将科学精神简单归结为"实事求是"或"精益求精"，尽管在科学精神中确实可以包含这两点，但"实事求是"或"精益求精"仅是常识。

并不是每一个具体的科学家个体都必然具有科学精神。

现代科学的源头在何处

答案非常简单：在古希腊。

如果我们从今天世界科学的现状出发回溯，我们将不得不承认，古希腊的科学与今天的科学最接近。恩格斯在《自然辩证法》中有两段名言：

如果理论自然科学想要追溯自己今天的一般原理发生和发展的历史，它也不得不回到希腊人那里去。①

随着君士坦丁堡的兴起和罗马的衰落，古代便完结了。中世纪的终结是和君士坦丁堡的衰落不可分离地联系着的。新时代是以返回到希腊人而开始的。——否定的否定！②

这两段话至今仍是正确的。考察科学史可以看出，现代科学甚至在形式上都还保留着浓厚的古希腊色彩，而今天整个科学发现模式在古希腊天文学中已经表现得极为完备。

欧洲天文学至迟自希巴恰斯以下，每一个宇宙体系都力求能够解释以往所有的实测天象，又能通过数学演绎预言未来天象，并且能够经得起实测检验。事实上，托勒密、哥白尼、第谷、开普勒乃至牛顿的体系，全都是根据上述原则构造出来的。而且，这一原则依旧指导着今天的天文学。今天的天文学，其基本方法仍是通过实测建立模型——在古希腊是几何的，牛顿以后则是物理的；也不限于宇宙模型，例如还有恒星演化模型等——然后用这模型演绎出未来天象，再以实测检验之。合则暂时认为模型成功，不合则修改模型，如此重复不已，直至成功。

在现代天体力学、天体物理学兴起之前，模型都是几何模型——从这个意义上说，托勒密、哥白尼、第谷乃至创立行星运动

---

① 《自然辩证法》，人民出版社，1971年，第30—31页。
② 《自然辩证法》，人民出版社，1971年，第170页。

三定律的开普勒，都无不同。后来则主要是物理模型，但总的思路仍无不同，直至今日还是如此。法国著名天文学家丹容在他的名著《球面天文学和天体力学引论》中对此说得非常透彻："自古希腊的希巴恰斯以来两千多年，天文学的方法并没有什么改变。"而这个方法，就是最基本的科学方法，这个天文学的模式也正是今天几乎所有精密科学共同的模式。

有人曾提出另一个疑问：既然现代科学的源头在古希腊，那如何解释直到伽利略时代之前，西方的科学发展却非常缓慢，至少没有以急剧增长或指数增长的形式发生？或者更通俗地说，古希腊之后为何没有接着出现近现代科学，反而经历了漫长的中世纪？

这个问题涉及近来国内科学史界一个争论的热点。有些学者认为，近现代科学与古希腊科学并无多少共同之处，理由就是古希腊之后并没有马上出现现代科学。然而，中国有一句成语"枯木逢春"——当一株在漫长的寒冬看上去已经近乎枯槁的树木，逢春而渐生新绿，盛夏而枝繁叶茂，我们当然不能否认它还是原来那棵树。事物的发展演变需要外界的条件，中世纪欧洲遭逢巨变，古希腊科学失去了继续发展的条件，好比枯树在寒冬时不现新绿，需要等到文艺复兴之后，才是它枯木逢春之时。

科学不等于正确

在我们今天的日常话语中，"科学"经常被假定为"正确"的同义语，而这种假定实际上是有问题的。

比如，对于"托勒密天文学说是不是科学"这样的问题，很多人会不假思索地回答"不是"，理由是托勒密天文学说中的内容是"不正确的"——他说地球是宇宙的中心，而我们知道实际情况不是这样。然而这个看起来毫无疑义的答案，其实是不对的，托勒密的天文学说有着足够的科学"资格"。

因为科学是一个不断进步的阶梯，今天"正确的"结论，随时都可能成为"不够正确"或"不正确的"。我们判断一种学说是不是科学，不是依据它的结论，而是依据它所用的方法、它所遵循的程序。不妨仍以托勒密的天文学说为例稍作说明：

在托勒密及其以后一千多年的时代里，人们要求天文学家提供任意时刻的日、月和五大行星位置数据，托勒密的天文学体系可以提供这样的位置数据，其数值能够符合当时的天文仪器所能达到的观测精度，它在当时就被认为是"正确"的。后来观测精度提高了，托勒密的值就不那么"正确"了，取而代之的是第谷提供的值，再往后是牛顿的值、拉普拉斯的值等，这个过程直到今天仍在继续之中——这就是天文学。在其他许多科学门类中（比如物理学），同样的过程也一直在继续之中——这就是科学。

有人认为，所有今天已经知道是不正确的东西，都应该被排除在"科学"之外，但这种想法在逻辑上是荒谬的——因为这将导致科学完全失去自身的历史。

在科学发展的过程中，没有哪一种模型（以及方案、数据、结论,等等)是永恒的,今天被认为"正确"的模型,随时都可能被新的、更"正确"的模型所取代,就如托勒密模型被哥白尼模型所取代、哥白尼模型被开普勒模型所取代一样。如果一种模型一旦被取代,就要从科学殿堂中被踢出去,那科学就将永远只能存在于此时一瞬,它就将完全失去自身的历史。而我们都知道,科学有着两千多年的历史(从古希腊算起),它有着成长、发展的过程,它取得了巨大的成就,但它是在不断纠正错误的过程中发展起来的。

科学中必然包括许多在今天看来已经不正确的内容,这些内容好比学生作业中做错的习题,题虽做错了,却不能说那不是作业的一部分;模型(以及方案、数据、结论,等等)虽被放弃了,同样不能说那不是科学的一部分。

唯科学主义和哲学反思

近几百年来,整个人类物质文明的大厦都是建立在现代科学理论基础之上的。我们身边的机械、电力、飞机、火车、电视、手机、电脑……无不形成对现代科学最有力、最直观的证明。科学获得的辉煌胜利是以往任何一种知识体系都从未获得过的。

由于这种辉煌,科学也因此被不少人视为绝对真理,甚至是终极真理,是绝对正确的乃至唯一正确的知识;他们相信科学知识是至高无上的知识体系,甚至相信它的模式可以延伸到一切人类文化之中;他们还相信,一切社会问题都可以通过科学技术的发展而得到解决。这就是所谓的"唯科学主义"观点。①

正当科学家对科学信心十足,而公众对科学顶礼膜拜之时,哲学家的思考却是相当超前的。哈耶克早就对科学的过度权威忧心忡忡了,他认为科学自身充满着傲慢与偏见。他那本《科学的反革命——理性滥用之研究》(*The Counter Revolution of Science, Studies on the Abuse of Reason*),初版于1952年。从书名上就可以清楚感觉到他的立场和情绪。书名中的"革命"应该是一个正面的词,哈耶克的意思是,科学(理性)被滥用了,被用来"反革命"了。哈耶克指出,有两种思想的对立:一种是有利于创新的,或者说是"革命的";另一种则是僵硬独断的,或者说是"不利于革命的"。

哈耶克的矛头并不是指向科学或科学家,而是指向那些认为科学可以解决一切问题的人。哈耶克认为这些人"几乎都不是显著丰富了我们的科学知识的人",也就是说,几乎都不是很有成就的科学家。照他的意思,一个"唯科学主义"(scientism)者,很可能不是一个科学家。他所说的"几乎都不是显著丰富了我们的科学知识的人",一部分是指工程师(大体相当于我们通常说的"工程技术人员"),另一部分是指早期的空想社会主义者及其思想的追随者。有趣的是,哈耶克将工程师和商人对立起来,他认为工程师虽然在工程方面有丰富的知识,但是经常只见树木不见森林,

---

① Scientism 通常译为"唯科学主义",其形容词形式则为 scientistic(唯科学主义的)。

不考虑人的因素和意外的因素；而商人通常在这一点上比工程师做得好。

哈耶克笔下的这种对立，实际上就是计划经济和市场经济的对立。而且在他看来，计划经济的思想基础，就是唯科学主义——相信科学技术可以解决世间一切问题。计划经济思想之所以不可取，是因为它幻想可以将人类的全部智慧集中起来，形成一个超级的智慧，这个超级智慧知道人类的过去和未来，知道历史发展的规律，可以为全人类指出发展前进的康庄大道，而实际上这当然是不可能的。

从"怎么都行"看科学哲学

科学既已被视为人类所掌握的前所未有的利器，可以用来研究一切事物，那么它本身可不可以被研究？

哲学中原有一支被称为"科学哲学"（类似的命名还有"历史哲学""艺术哲学"，等等）。科学哲学家中有不少原是自然科学出身，是喝着自然科学的乳汁长大的，所以他们很自然地对科学有着依恋情绪。起先他们的研究大体集中于说明科学如何发展，或者说探讨科学成长的规律，比如归纳主义、科学革命（库恩、科恩）、证伪主义（波普尔）、研究范式（库恩）、研究纲领（拉卡托斯），等等。对于他们提出的一个又一个理论，许多科学家只是表示了轻蔑——就是只想把这些"讨厌的求婚者"（极力想和科学套近乎的人）早些打发走（劳丹语）。因为在不少科学家看来，这些科学哲学理论不过是一些废话而已,没有任何实际意义和价值,当然更不会对科学发展有任何帮助。

后来情况出现了变化。"求婚者"屡遭冷遇,似乎因爱生恨,转而采取新的策略。今天我们可以看到,这些策略至少有如下几种:

1. 从哲学上消解科学的权威。这至迟在费耶阿本德的"无政府主义"理论(认为没有任何确定的科学方法,"怎么都行")中已经有了端倪。认为科学没有至高无上的权威,别的学说(甚至包括星占学)也应该有资格、有位置生存。

这里顺便稍讨论一下费耶阿本德的学说。[①] 就总体言之,他并不企图否认"科学是好的",而是强调"别的东西也可以是好的"。他的学说消解了科学的无上权威,但是并不会消解科学的价值。费耶阿本德不是科学的敌人——他甚至也不是科学的批评者,他只是科学的某些"敌人"的辩护者而已。

2. 关起门来自己玩。科学哲学作为一个学科,其规范早已建立得差不多了(至少在国际上是如此),也得到了学术界的承认,在大学里也找得到教职。科学家们承不承认、重不重视已经无所谓了。既然独身生活也过得去,何必再苦苦求婚——何况还可以与别的学科恋爱结婚呢。

[①] 费耶阿本德的著作被引进中国至少已有三种:《自由社会中的科学》(上海译文出版社,1990年)、《反对方法——无政府主义知识论纲要》(上海译文出版社,1992年)、《告别理性》(江苏人民出版社,2002年)。

3. 更进一步，挑战科学的权威。这就直接导致"两种文化"的冲突。

"两种文化"的冲突

科学已经取得了至高无上的权威，并且掌握着巨大的社会资源，也掌握着绝对优势的话语权。而少数持狭隘的唯科学主义观点的人士则以科学的捍卫者自居，经常从唯科学主义的立场出发，对来自人文的思考持粗暴的排斥态度。这种态度必然导致思想上的冲突。一些哲学家认为，哲学可以研究世间的一切，为何不能将科学本身当作我们研究的对象？我们要研究科学究竟是怎样运作的、科学知识到底是怎样产生出来的。

这时原先的"科学哲学"就扩展为"对科学的人文研究"，于是SSK（科学知识社会学）等学说就出来了。主张科学知识都是社会建构的，并非纯粹的客观真理，因此也就没有至高无上的权威性。

这种激进主张，当然引起了科学家的反感，也遭到一些科学哲学家的批评。著名的"科学大战"[1]"索卡尔诈文事件"[2]，等等，就反映了来自科学家阵营的反击。对于学自然科学出身的人来

---

[1] 关于"科学大战"，可参阅（美）安德鲁·罗斯主编：《科学大战》，夏侯炳、郭伦娜译，江西教育出版社，2002年。

[2] 关于"索卡尔诈文事件"及有关争论，可参阅（美）索卡尔等著：《"索卡尔事件"与科学大战——后现代视野中的科学与人文的冲突》，蔡仲等译，南京大学出版社，2002年。

说,听到有人要否认科学的客观性,在感情上往往难以接受。

这些争论,有助于加深人们对科学和人文关系的认识。科学不能解决人世间的一切问题(比如恋爱问题、人生意义问题,等等),人文同样也不能解决一切问题,双方各有各的局限。在宽容、多元的文明社会中,双方固然可以经常提醒对方"你不完美""你非全能",但不应该相互敌视、相互诋毁,只有和平共处才是正道。

但在很长一段时间里,科学和人文这两种文化不仅没有在事实上相亲相爱,反而在观念上渐行渐远。而且很多人已经明显感觉到,一种文化正日益凌驾于另一种文化之上。眼下最严重的问题,在于工程管理方法之移用于学术研究(人文学术和自然科学中的基础理论研究)管理,工程技术的价值标准之凌驾于学术研究中原有的标准。按照哈耶克的思想来推论,这两个现象的思想根源,归根结底还是唯科学主义。

改革开放以来,科学与人文之间,主要的矛盾表现形式,已经从轻视科学与捍卫科学的斗争,从保守势力与改革开放的对立,向单纯的科学立场与新兴的人文立场之间的张力转变。中国的两种文化总体状况比较复杂:一是科学作为外来文化,与中国传统文化存在着巨大差异;二是唯科学主义已经经常在社会话语中占据不适当的地位(这在发展中国家是常见的现象);三是新技术所造成的社会问题已经出现,如工业环境污染、互联网侵犯隐私、新媒体矮化文化等。

公众理解科学

科学的最终目的,应该是为人类谋幸福,而不能伤害人类。因此,人们担心某种科学理论、某项技术的发展会产生伤害人类的后果,因而产生质疑,要求展开讨论,是合理的。毕竟谁也无法保证科学技术永远有百利而无一弊。无论是对"科学主义"的质疑,还是对"科学主义"立场的捍卫,只要是严肃认真的学术讨论,事实上都有利于科学的健康发展。

如今的科学,与牛顿时代,乃至爱因斯坦时代,都已经不可同日而语了。一个最大的差别是,先前的科学可以仅靠个人来进行。事实上,万有引力和相对论,都是在没有任何国家资助的情况下完成的。但是如今的科学则成为一种耗资巨大的社会活动,而这些金钱都是纳税人的钱,因此,广大公众有权要求知道:科学究竟是怎样运作的,他们的钱是怎样被用掉的,用掉以后又有怎样的效果。

至于哲学家们的标新立异,不管出于何种动机,至少在客观上为上述质疑和要求提供了某种思想资源,而这无疑是有积极意义的。

为了协调科学与人文这两种文化的关系,一个超越传统科普概念的新提法"科学传播"开始被引进,核心理念是"公众理解科学",即强调公众对科学作为一种人类活动的理解,而不仅是单向地向公众灌输具体的科学和技术知识。事实上,这符合"弘扬科学精神,传播科学思想,介绍科学方法,普及科学知识"的原则。

与此同时,在中国高层科学官员所发表的公开言论中,也不约而同地出现了对理论发展的大胆接纳。例如,科技部部长徐冠华在2002年12月18日的讲话中说:

> 我们要努力破除公众对科学技术的迷信,撕破披在科学技术上的神秘面纱,把科学技术从象牙塔中赶出来,从神坛上拉下来,使之走进民众、走向社会……越来越多的人已经不满足于掌握一般的科技知识,开始关注科技发展对经济和社会的巨大影响,关注科技的社会责任问题……而且,科学技术在今天已经发展成为一种庞大的社会建制,调动了大量的社会宝贵资源;公众有权知道,这些资源的使用产生的效益如何,特别是公共科技财政为公众带来了什么切身利益。[①]

又如,时任中国科学院院长路甬祥在讲话中认为:

> 科学技术在给人类带来福祉的同时,如果不加以控制和引导而被滥用的话,也可能带来危害。在21世纪,科学伦理的问题将越来越突出。科学技术的进步应服务于全人类,服务于世界和平、发展和进步的崇高事业,而不能危害人类自身。加强科学伦理和道德建设,需要把自然科学与人文社会科学紧密结合起来,超越科学的认知理性和技术的工具理性,而站在人文理性的高

---

① 《科学时报》,2003年1月17日。

度关注科技的发展，保证科技始终沿着为人类服务的正确轨道健康发展。[1]

所有这一切，都不是偶然的。这是中国科学界、学术界在理论上与时俱进的表现。这些理论上的进步，又必然会对科学与人文的关系、科学传播等方面产生重大影响。2002年底，在上海召开了首届"科学文化研讨会"（上海交通大学科学史系主办），会后发表了此次会议的"学术宣言"，[2]对这一系列问题作了初步清理。随后出现的热烈讨论，表明该宣言已经引起学术界的高度重视。[3]

---

[1]《人民政协报》，2002年12月17日。

[2] 柯文慧（江晓原定稿）:《对科学文化的若干认识——首届"科学文化研讨会"学术宣言》，载《中华读书报》，2002年12月25日。

[3] 围绕这份宣言，出现在纸媒和网上的各种讨论和争论，已经形成大量文献。此后数年召开了多次科学文化研讨会，较重要的文献有：柯文慧（江晓原定稿）:《岭树重遮千里目——第四次科学文化会议备忘录》，载《科学时报》，2005年12月29日；柯文慧（江晓原定稿）:《一江春水向东流——第五次科学文化研讨会备忘录》，载《科学时报》，2007年3月15日。

天鹅座 61 的视差

F. W. 贝塞尔

| 导读 |

弗里德里希·威廉·贝塞尔（Friedrich Wilhelm Bessel, 1784—1846）于 1784 年 7 月 22 日出生于德国明登，年轻时在不来梅的一个商人会计室工作。1804 年，他重新计算了哈雷彗星的轨道，并把结果寄给了天文学家奥伯斯（H. Olbers），给后者留下了深刻印象，贝塞尔因此于 1806 年成为施罗特（J. H. Schroter）的天文助手。

1810 年，25 岁的贝塞尔已经名气不小，引起普鲁士国王威廉三世的注意，被任命为柯尼斯堡新天文台台长，负责该天文台的建设。贝塞尔在这个岗位上工作到去世。贝塞尔在布拉德雷观测的基础上于 1818 年制定了一份新的星表，包括五万颗恒星。贝塞尔的数学天才使他能对天文计算作精心改进，他创立了一套分析算法，其中用到的一种函数现在就叫贝塞尔函数。但他最著名的天文学成就是实现了天文学家三个世纪的梦想——测定一颗恒星的周年视差。

事实上,希腊人就已经知道,如果地球绕太阳转动,就会看见恒星的周年视差。哥白尼坚信地球是在动的,之所以观测不到恒星周年视差,是因为恒星太遥远。贝塞尔使用夫琅和费制造的精良仪器,选择了一颗很可能离地球较近的暗弱恒星天鹅座61进行测量,1838年他公布天鹅座61的周年视差是0.3136角秒(现在值是0.294角秒)。约翰·赫歇尔称赞他的这一功绩是"应用天文学曾经见到过的最伟大和最辉煌的胜利"。

恒星周年视差是哥白尼学说的一个预言,贝塞尔的工作一方面为这一预言提供了验证,了却了16世纪留下的一个夙愿;另一方面,他的工作把天文学家的眼光往远处引向了广袤的恒星世界。周年视差测定方法的更大意义在于确切知道恒星有多远。天鹅座61距离地球大约6光年,这样天文学家首次以确凿的证据知道宇宙的大小远远超出前人的估计。

尊敬的先生:我已成功地求得长期以来盼望的结果,并相信它将会引起像你那样的伟大和热心的天空探索者的兴趣,因此我冒昧地给你写信。如果你认为这封信很重要,需要展示给天文界的其他朋友,我不仅不反对,而且恳求你这样做。为此,我通过贝立先生将信转送给你。我宁愿这样做,因为这样,你一回到英国就能少受干扰,立即注意到这件重要的事情。对你,我可以用本国的语言来写,这样能确保我表达清楚。

在为测定恒星视差经历了许多失败的尝试之后,我认为借助我那架大型夫琅和费量日仪的精密度来开展某些工作是值得的。我着手对天鹅座 61 进行这种研究。由于它具有大的自行,它可能是所有对象中最好的;它具有双星的优点,因此可以以很高的精度来观测它;在一年中的大部分时间内它都非常接近天极,在晚上总是能在离地平足够高处观测到它。1834年 9 月,我开始对这颗恒星的位置进行观测,测量它同两颗 11 等暗星的距离,其中一颗在前面,另一颗在北面。但不久我发现大气几乎很不利于观测如此暗的两颗恒星,因此我决定选择虽然远一些但较亮的恒星。1835 年,为了研究柏林天文台钟摆的长度,我离开天文台三个月;当我回来时,由于哈雷彗星的出现,我所有的晴夜被占去。1836 年,我忙于在本国进行 1°的测量计算①和编辑有关这个课题的著作。

确实是长期盼望的结果,是哥白尼就预言了的事实。

该文是作者写给约翰·赫歇尔的信。约翰·赫歇尔的父亲是德国汉诺威人,想必约翰也通德语,故德国人贝塞尔说"用本国的语言来写"。

---

① 指测量计算经圈上纬度差 1°的弧长。——原编者

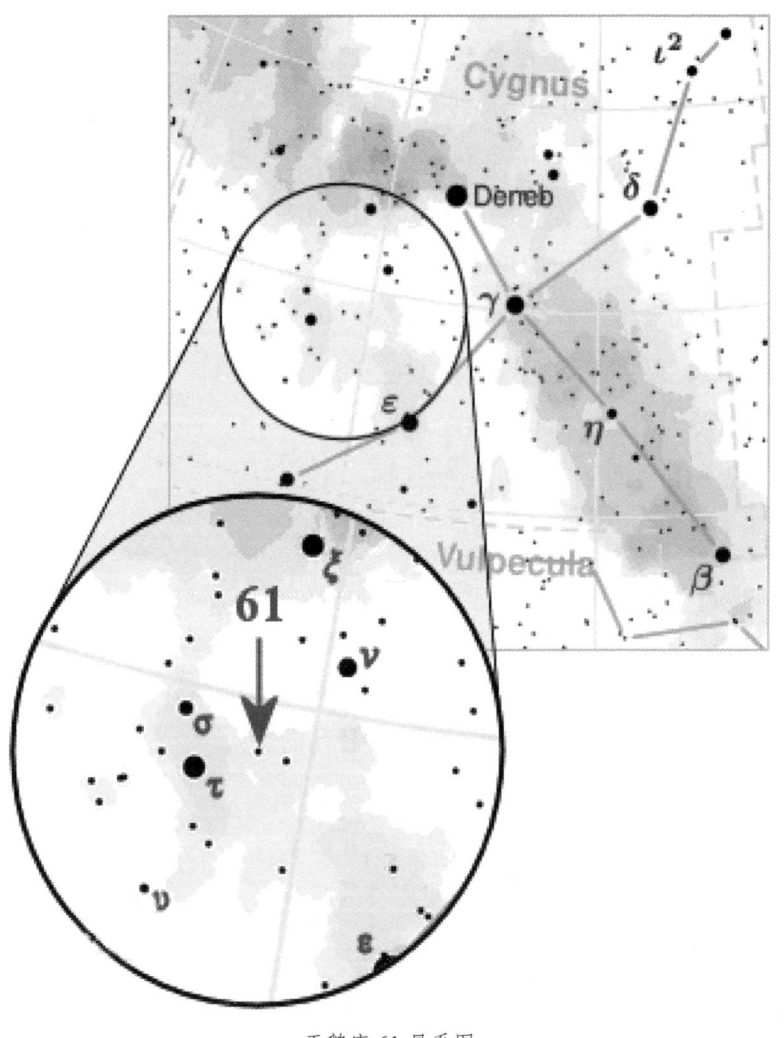

天鹅座 61 星系图

3 天鹅座61的视差

为了使天鹅座 α[①] 的观测能够得到明确的结果,我认为必须进行连续的观测。到1837年,这些障碍已被消除,因此我恢复原来的计划,根据对天鹅座61的观测,希望能得到同斯特鲁维对天琴座 α 观测相同的结果。

我在双星周围的暗星中选择了两颗9到10等的星,其中一颗(a星)几乎垂直于双星的方向线,另一颗(b星)基本上在这个方向上。我用量日仪测量这两颗星同这颗天鹅座双星间正中间一点的距离,因为我认为这种观测是所有观测中最正确的。我通常每晚重复观测16次。当大气很不稳定时,我进行更多次的重复,即使如此,我还是担心结果会达不到在良好的夜晚观测次数较少时所具有的精度。所有精确的天文观测都存在着大气不稳定这个巨大的障碍。在不好的天气条件下,我们无法避免一些不利影响,除非仅在晴朗的夜晚观测。然而这样一来,为了研究的需

> 天鹅座(Cygnus)为北天星座之一。天鹅星座的拉丁名是Cygnus,简写为Cyg,意为天鹅。每年9月25日20时,天鹅星座升上中天。夏秋季节是观测天鹅座的最佳时期。有趣的是,天鹅座由升到落真的如同天鹅飞翔一般:它侧着身子由东北方升上天空,到天顶时,头指南偏西,移到西北方时,变成头朝下尾朝上没入地平线。

---

① 此处系作者笔误,应为天鹅座61。——译者

要搜集大量观测就更困难了……

我对距离^①的测量结果都列在表上，它们不受大气折射和光行差的影响，并已归算到1838年初。在计算中，对两个距离所采用的周年变化分别是 $+4''.391\,5$ 和 $-2''.825$，这是我根据天鹅座61两颗恒星的平均运动推算出来的（假定恒星 a 和 b 都没有自行）。天鹅座61两颗恒星的平均运动是 M·阿格兰德尔最近利用我得到的1755年历元的确定值（根据布拉德雷的观测）和他自己的1830年历元的确定值进行比较求得的。同时，我们不能把距离的变化认为是真正的变化，因为所比较的恒星可能有自行，并且也不知道天鹅座61两颗恒星的平均运动是否相对于它的中心以及这个运动是否和时间成比例。下面，让我们用 $+4''.391\,5+\alpha'$ 和 $-2''.825+\beta'$ 表示距离的真正变化，用 α 和 β 表示1835年初的平均距离，从1835年初起计量的时间用 t 表示，天鹅座61与比较星 a 和 b 的

以较远的星为参考星，来测量较近的恒星相对较远恒星的视差。这种"较差测量"法是伽利略首先提出来的。

---

① 系指比较星与天鹅座61之间的角距离。——原编者

周年视差常数的差分别用 α'' 和 β'' 表示，最后，与地球位置有关的视差系数用 a 表示。于是，1838 年初距离的表达式为

对恒星 a 为：$\alpha+t\alpha'+a\alpha''$

对恒星 b 为：$\beta+t\beta'+a\beta''$

……

为了推算出天鹅座 α[①] 的周年视差，我按两种不同的方式使用了上面提到的天鹅座 61 同 a 星和 b 星间的观测表。我首先假设 α'' 和 β'' 彼此无关，换言之，认为 a 星和 b 星本身可能具有能觉察的视差。用这个方式我求得

  对恒星 a 平均误差

1838 年初的平均距离   461″.609 4

周年变化 =+4″.391 5-0″.054 3 即 +4″.337 2 ± 0″.039 8

天鹅座 61 和 a 星的周年视差之差 α'' =+0″.369 0 ± 0″.028 3

  对恒星 b

1838 年初的平均距离   706″.290 9

周年变化 =−2″.825+0″.242 6 即 −2″.582 4 ± 0″.043 4

天鹅座 61 和 b 星的周年视差之差 β'' =+0″.260 5 ± 0″.027 8

观测结果似乎也表明，天鹅座 61 和 b 星的视差之差比它和 a 星的要小，如果 b 星本身比 a 星有较明显的视差，情况必定是这样。事实上，α'' 和 β'' 的计算值之差超过了观测值的最大或然误差；

[①] 此处系作者笔误，应为天鹅座 61。——译者

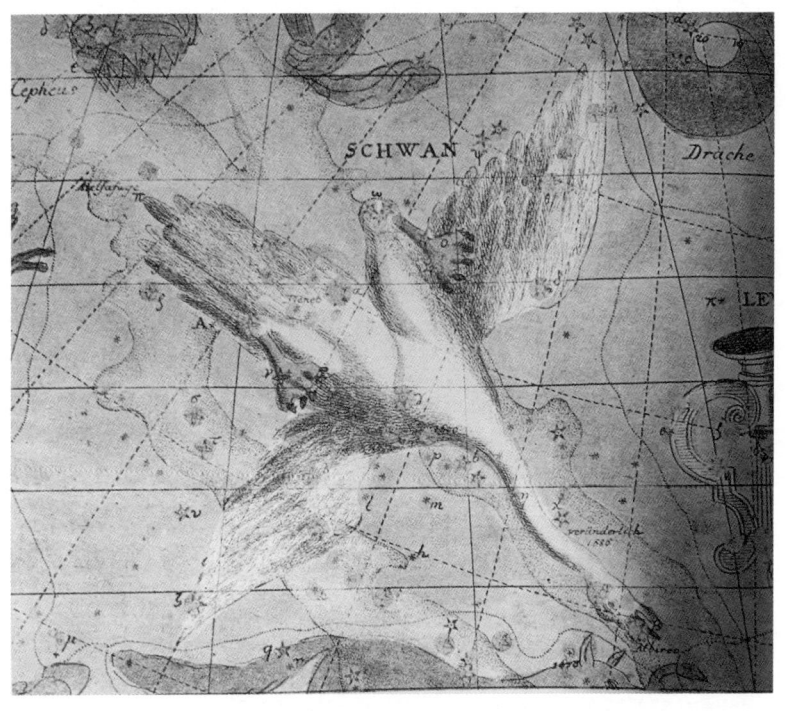

波德古星图中的天鹅座

但注意到，α'' 和 β'' 的数值很可能相等，因此这使我们认为这两者之差是由观测结果所证实的。进一步的观测将增加这两种结果的权，同时将给出周年变化更精确的值。

因而我由观测推算第二种结果，它依赖于下面的假设，即 a 星和 b 星的视差是不能察觉的或 α'' 和 β'' 是相等的。因为两个序列彼此之间必须产生联系，为此需要取第一个序列中观测数据的权为单位权，并以此为基础推算出第二个序列中观测数据的权，我求得它的权等于 0.688 9。于是，求得天鹅座 61 的周年视差的最或然值等于 $0''.313\ 6$[①]。在这个假设下，我求得它同 a 星和 b 星的平均距离分别是 $461''.617\ 1$ 和 $706''.279\ 1$；周年变化假定值的改正分别等于 $-0''.029\ 3$ 和 $+0''.239\ 5$。取为单位权的这类观测的平均误差是 $\pm 0''.135\ 4$，天鹅座 61 的周年视差的平均误差等于 $\pm 0''.020\ 2$。

因为天鹅座 61 的周年视差（$=0''.313\ 6$）

天鹅座的希腊神话

希腊的斯巴达王后勒达（Leda）是一位绝世美人。宙斯对勒达一见钟情，遂向爱神阿芙洛狄忒求助。于是，阿芙洛狄忒化身为一只老鹰，追赶由宙斯变化成的天鹅。勒达见状便对天鹅伸出了援手，并把它揽入怀中，令宙斯如愿以偿。之后，勒达生下了两枚蛋，一枚蛋中孵出了一对双生子，就是后来的双子座；另一枚蛋孵出了一对双生女。后来，宙斯为纪念这次罗曼史，就把他化身的天鹅升上天空，变成了天鹅座。

---

① 现公认天鹅座 61 的视差为 $0''.294$。——原编者

的平均误差仅是 ±0″.020 2，因此它不到周年视差计算值的十五分之一。这些比较表明，由观测给出的视差影响的累计非常微小，跟理论的推测极其一致，因此我们确信它的视差是明显的。假设它等于 0″.313 6，我们可求得天鹅座 61 同太阳的距离是地球同太阳平均距离的 657 700 倍，光需要 10.3 年才能经过这段距离。因为天鹅座 α[①] 的周年自行等于 5″.123，其两子星的相对距离必然比地球轨道半径的 16 倍还要大得多，它必然有不变的光行差，其值为 52″多。当我们能成功地确定该双星的两子星围绕公共重心运转的运动要素时，我们就能确定它们的质量。在我详细地研究了以前有关相对位置的观测资料后，我认为到目前为止它们是很难提供轨道要素的。根据这些资料只能求出其周年角运动约为 2/3 度，以及其距离的最小值约为 15″（在 19 世纪初时）。由此我们推得绕转周期为 540 多年[②]，轨道半长轴的视角距离为 15″多。然而，如果我们从这些仅仅是极限值的数字出发，求得的双星质量之和将小于太阳质量的一半。这个值得注意的问题，一定要等到有足够的观测资料精确地确定轨道要素后才能解决。而只有对位于暗星之间的双星位置进行长时间的连续观测并求得其重心后，我们才能分别确定它们的质量。我们无法预测获得这些进一步研究成果的时间。

选自《天文学名著选译》，宣焕灿选编，知识出版社，1989 年。夏一飞译。

[①] 此处系作者笔误，应为天鹅座 61。——译者
[②] 现得知，天鹅座 61 两子星的绕转周期为 700 年。——编者

海王星发现史

J. C. 亚当斯

| 导读 |

约翰·库奇·亚当斯（John Couch Adams，1819—1892）出生于英国康沃尔郡，是一位贫苦农民的儿子。亚当斯从小就有数学天赋，后进入剑桥大学圣约翰学院攻读数学，在那里他获得一份奖学金。还是大学生时，亚当斯就开始研究天王星的异常运动。到1843年10月，他计算出了可能对天王星产生摄动的未知行星的位置，并把结果交给了他的上级皇家天文学家艾里（George Airy），但是没有引起后者足够的重视，直到勒维耶的数据发表以后，一切为时已晚。不过，在约翰·赫歇尔等热心人的帮助下，亚当斯还是获得了应得的一份荣誉。1851年，亚当斯成为皇家天文学会主席，1858年成为剑桥大学天文学教授，1860年出任剑桥天文台台长。

天王星运动的不规则性引起天文学家的注

地球与海王星大小比较示意图

意已有很长的一段时间。当这颗行星的路径大致弄清楚的时候，人们发觉，早在1781年威廉·赫歇尔爵士发现它之前，弗兰斯提德、布拉德雷、梅耶尔和勒蒙尼叶就把它当作一颗固定的恒星观测过了。这些观测虽然在精度上无疑比现代的观测低劣得多，然而必须承认是很有价值的，因为它们把这颗行星轨道的观测弧段作了相当长的延伸。但是，现行天王星运行表的编制者布瓦尔德发现，如果不对现代观测加上大大超过容许限度的误差，要满足早先的观测是不可能的，因而他只根据现代观测编制出他的天王星运行表。可是，没过几年，又开始呈现出可察觉的误差；虽然该表是新近在1821年编成的，它们的误差却已超过2角分，并且还在迅速地增加。因此，抛弃早先的观测已不再有任何理由了，特别是因为除了比其他观测早20年的弗兰斯提德的首次观测之外，早期的观测都能互相印证。

既然另一颗行星的发现辉煌地证实了分析的结论，并且使我们肯定这些不规则性具有其自己的真实原因，因此就没有必要长篇累牍地谈论排除其他各种假设的理由，这些假设都是为了解释这些不规则性而作出的。只要说一下这一点就够了，即这些假设看起来本身都是未必可信的，而且也经不起精确计算的检验。有人甚至推测，在和太阳相距很远的天王星距离处，引力定律变得跟距离的平方反比不同。但是，引力定律早已稳固地确立，即使其他各种假设都已失败，上述推测也很难得到承认。并且我深信，在这方面就像以前一样，使人对引力定律暂时产生怀疑的一些

于1846年发现的海王星，是先由数学计算预测到的。因为天王星没有按数学家精确推算的轨道运行，所以人们猜想一定存在着一个较大物体的引力作用使其偏离了轨道。天文学家通过计算预言了这一物体的大小和位置，并将望远镜指向这一位置进行观察。果然，在那里他们发现了一个如针尖般大小的昏暗星体，它就是太阳系的第八大行星！

科学验证：
那些天空及世间的证明

江晓原
科学读本

亚当斯漫画

不能轻易怀疑已经被证实的理论，科学理论需要维持这样的相对稳定。如果理论被随意更改，那么也就谈不上科学的进步。

矛盾，到头来会给予引力定律以最惊人的证实。

几年以前，由于阅读了艾里先生关于天文学最近进展的宝贵报告，我的注意力第一次被引向这一课题。我在我的文章中找到了1841年7月3日写的下面这一段备忘录：

本周初想出了一个计划，要在取得学位之后，尽快地研究尚未被说明的天王星运动的不规则性，以便获知是否可能把这些不规则性归之于天王星以外某颗未被发现的行星对天王星的作用。如果可能，再大致确定它的轨道根数。这也许会导致对它的发现。

因而，1843年，我便第一次试图解决这个问题，我假定轨道是圆形的，其半径为天王星到太阳的平均距离的两倍。一开始，对平均距离作某种假定显然是必要的，而且波得定律似乎使上述假定有可能和真实情况相距不远。这一研究只以现代观测作依据，运行表的误差最早取自1821年布瓦尔德表条件方程中所给出的数据，以后取自《天文学通报》(*Astronomische Nachrichten*)所刊载的观测，以及剑桥和格林尼治的观测。结果表明，理论和观测一般符合得很好。但是在所使用的观测资料不足的年份中，出现较大的差异。当时，格林尼治的行星观测正处在归算过程中，通过查利斯教授的帮助，我请艾里先生提供给我一致性最差的那几年的观测资料。1844年2月，这位皇家天文学家极其友好地把格林尼治的全部天王星观测结果寄给了我。

那时，格丁根皇家科学院已提出把天王星理论作为数学奖的课题，虽然我从大学工作中挤出的时间只有很少一点点，无法全面审查竞争奖金所需要的理论，但是这件事加上这样一系列宝贵的观测资料，诱使我为这个问题寻求一个新的解。我把依赖于这颗摄动行星偏心率一次幂那些最重要的项考虑在内，同时保留了以前对平均距离所作的假定。对于现代观测，除1823年贝塞尔的一次外，表的误差取自格林尼治1830年以来的观测，以后取自剑桥和格林尼治的观测，以及《天文学通报》所刊登的观测。对于早

科学验证：
那些天空及世间的证明

江晓原
科学读本

发现海王星的柏林天文台景观

期的观测，表的误差取自布瓦尔德表条件方程中所给出的值。考虑进越来越多表示摄动的级数项，得到几乎没有什么不同的几个解之后，我于1845年9月把得到的关于这个假定行星的质量、日心黄经和轨道根数的最后数值函告查利斯教授。下一个月我又把稍加改正的同一结果函告皇家天文学家艾里。由于提出的偏心率比可能的要大得多，并且以后的观测表明，建立在第一次假设基础上的理论对于平均距离仍然有明显的误差，所以后来我重新进行了研究,假定平均距离比以前约小三十分之一。今年①9月初,我把研究结果通知了艾里先生,它似乎比我以前得到的结果要好,偏心率变小了,和新近的观测相比,理论的误差也小了,这就使我推测距离还可进一步减小。

1845年11月,勒维耶先生在巴黎向皇家科学院提交一份关于受到木星和土星摄动作用的天王星理论的详尽研究。在这份研究中,他指出了几个微小的、先前被忽略的差异;今年6月,他又写了一篇论文继续这一研究。他把残余摄动归之于在离开太阳距离等于天王星两倍处的另一颗行星的作用,并且所得的这颗新行星的某一黄经跟我根据相同假设获得的结果非常接近。8月31日,他把一份更完整的研究提交给科学院,在这份研究中,他确定出这颗新行星的质量和轨道根数,并且还得到了平均距离的极根值和日心黄经。我之所以提出这些日期,只是为了表明我的结

应该说,亚当斯这篇为自己争取荣誉的文章是适度的,也是起到了一定作用的,现在人们提到海王星的发现时都不会忘记提及亚当斯。

---

① 指1846年。——原编者

果是在勒维耶先生的结果发表之前独立得到的，丝毫也不打算妨碍他享受发现这颗行星荣誉的正当要求。因为，毫无疑问，他的研究是首先公布于世的，并且导致伽勒博士实际上发现了这颗新行星。因此，以上陈述丝毫不会有损于勒维耶先生当之无愧的荣誉。

选自《天文学名著选译》，宣焕灿选编，知识出版社，1989年。周兴海译。

周武王伐纣时见过哈雷彗星吗？

江晓原

"武王伐纣，彗星出而授殷人其柄"

武王伐纣是中国历史上第一场留下了较多史料和理论建构的"革命"——这个词汇的本意是"改变天命"，今天我们仍在使用的词汇如"改革""革新""革除"中的"革"字，都是类似意义。儒家虽然有"汤武革命"之说，但成汤灭夏桀只有简单记载且缺乏理论建构，非武王伐纣可比。

理论建构的要点，就是论证"天命归我"。但"天命"如何得知呢？那就需要观察天象了，所以武王伐纣这样一场"革命"，留下了16条与天象有关的记载。这些记载有真有伪，有些可以用现代天文学方法逆推检验，但都可视为周人及后人为伐纣进行理论建构的一部分。

《淮南子·兵略训》载："武王伐纣……彗星出而授殷人其柄"。按后世流传的星占学理论来看，这是一个不利于周武王军

哈雷彗星

事行动的天象，因为"时有彗星，柄在东方，可以扫西人也"。就是说，周武王的军队在向东进发时，在天空见到一颗彗星，它像一把扫帚，帚柄在他们要进攻的殷人那一边（东边）。但是对于天文学家来说，这条记载给出了彗头彗尾的方向，不失为一个宝贵信息。毕竟，古人记载天象是"搞迷信"用的，不是给现代天文学家当观测资料用的，所以一点一滴的信息都很宝贵。

已故紫金山天文台台长张钰哲利用当时还很稀罕的TQ-6型电子计算机，计算太阳系大行星对哈雷彗星轨道的摄动，描述哈

3 周武王伐纣时见过哈雷彗星吗？

雷彗星3 000年轨道变化趋势，在此基础上，他对中国史籍中可能是哈雷彗星的各项记录进行了分析考证。经过张钰哲的研究，我们现在知道，从秦始皇七年（公元前240年）起，下至1910年，我国史籍上有连续29次哈雷彗星回归的记载；秦始皇七年之前还有3次回归记载。当然，记载了哈雷彗星的出现并不意味着发现了哈雷彗星，因为古代中国人并不知道这32次记录的是同一颗彗星，因而实际上也就谈不上哈雷彗星的"回归"。

不过，张钰哲发表在《天文学报》1978年第1期上的论文《哈雷彗星的轨道演变的趋势和它的古代历史》中，最引人注目的是他详细探讨的中国史籍中第一次哈雷彗星记载，即公元前1057年的那次。它至少引出了一段持续20年的学术公案。

天文学家和历史学家的差别

张钰哲在论文中详细讨论了哈雷彗星公元前1057年的回归和前述《淮南子·兵略训》中"武王伐纣……彗星出而授殷人其柄"记载的相关性，最后他得出结论："假使武王伐纣时所出现的彗星为哈雷彗星，那么武王伐纣之年便是公元前1057—1056年。"

张钰哲的结论从科学角度来说是无懈可击的，因为他的前提是"假使武王伐纣时所出现的彗星为哈雷彗星"。也就是说，他并未断定那次出现的彗星是不是哈雷彗星。也可以说，张钰哲并未试图回答"周武王见过哈雷彗星吗"这个问题。

但是，到了历史学家那里，情况就出现了变化。例如，历史学家赵光贤在张钰哲论文发表的次年（1979年），在《历史研究》杂志上撰文介绍了张钰哲的工作，认为"此说有科学依据，远比其他旧说真实可信"。然而，在赵光贤的介绍中，张钰哲的"假使"两字被忽略了，结果文科学者普遍误认为"天文学家张钰哲推算了武王伐纣出现的彗星是哈雷彗星，所以武王伐纣是在公元前1057年"。

这里需要注意的是，文科学者通常不会去阅读《天文学报》这样的纯理科杂志，而《历史研究》当然是文科学者普遍会阅读或浏览的杂志，所以赵光贤的文章使得无意中被变形了的"张钰哲结论"很快在文科学者中广为人知。在此后的20年中，尽管中外学者关于武王伐纣的年代仍有种种不同说法，但公元前1057年之说挟天文科学之权威，加上紫金山天文台台长之声望，俨然占有权重最大的地位。一位文科学者的话堪称代表，在和我的私人通信中他写道："公元前1057年之说被我们认为是最科学的结论而植入我们的头脑。"

周武王伐纣时没有见过哈雷彗星

转眼到了1998年，"夏商周断代工程"开始了。我负责的两个专题中，"武王伐纣时的天象研究"是工程最关键的重点专题之一，因为武王伐纣的年份直接决定了殷周易代的年份，而这个年份一直未能确定，所以古往今来有许多学者热衷于探讨武王伐纣的年代。到我们开始研究这个专题时，前人已经先后提出了44种武王伐纣的年份！这些年份分布在大约100年的时间跨度中，几乎每两年就有一个。

在这 44 种武王伐纣年份中，公元前 1057 年当然是最为引人注目的，也是我们首先要深入考察的。

前面说过，后世流传的武王伐纣时天象共有 16 条之多。这些天象记录并非全都可信，而且其中有不少是无法用来推定年份的。我们用电脑——这时，个人电脑时代已经来临，我们当时用的是 486 电脑——对这 16 条天象记录进行地毯式的逆推计算检验，结果发现只有 7 条可以用来定年。而在这 7 条天象记录中，《淮南子·兵略训》的"武王伐纣……彗星出而授殷人其柄"居然未能入选。

因为只要回到张钰哲 1978 年《天文学报》论文的原初文本，就必须直面张钰哲的"假使"。我们必须解决这个问题：武王伐纣时出现的那颗彗星到底是不是哈雷彗星？

张钰哲对哈雷彗星轨道演变的结论是可以信任的，所以我们可以相信哈雷彗星在公元前 1057 年确实是回归了。但由于武王伐纣年份本身是待定的，我们必须先对武王伐纣年份"不持立场"，所以武王伐纣时出现的那颗彗星是不是哈雷彗星，先不能通过年份来判断。

初看起来，这个问题几乎是无法解决的。但是，团队中的卢仙文博士和钮卫星博士发挥了青年天文学家的聪明才智，居然找到了解决问题的途径。办法是，对武王伐纣年份所分布的 100 年间哈雷彗星出现的概率进行推算。1999 年，我们在《天文学报》上发表了论文《古代彗星的证认与年代学》，算是了却了这段学术公案。

在天文学上，将回归周期大于 200 年的彗星称为"长周期彗星",这样的彗星无法为武王伐纣定年,先不考虑。周期小于200年但大于20年的彗星,称为"哈雷型彗星",这样的彗星在太阳系中已知共有23颗(哈雷彗星当然也包括在内)。利用1701—1900年的彗星表可以发现,在此期间有彗尾的彗星共出现80次("彗星出而授殷人其柄"表明这颗彗星是有彗尾的),其中哈雷型彗星的占比是6%。如果将彗星星等限制到3等(考虑到过于暗淡的彗星肉眼难以发现),这个占比就下降到4%。由于以目前的理论而言,可以认为近4000年间太阳系彗星出现的数量是均匀的,因此可以认为上述比例同样适合于武王伐纣的争议年代。

目前已知的23颗哈雷型彗星中,有6颗彗星的周期大于100年。这意味着在公元前1100—1000年间,至少会有其中的17颗彗星出现,其中某颗是哈雷彗星的概率已小于1/17。再与前面统计所得哈雷型彗星的占比4%—6%相乘,就降到了0.24%—0.35%,或者说武王伐纣时的彗星为哈雷彗星的概率约为0.3%。考虑到任何周期长于100年的彗星也都可能出现在这100年中,这个概率实际上还要更小。

而当我们从另外7条天象记录得出武王伐纣之年是公元前1044年的结论之后,则哈雷彗星既然出现在公元前1057年,就反过来排除了武王伐纣时所见彗星为哈雷彗星的可能性。所以结论是:周武王伐纣时没有见过哈雷彗星。

本文原载《新发现》杂志2015年第11期,有删改。

根据1919年5月29日的日全食观测测定太阳引力场中光线的弯曲

F. W. 戴维　A. S. 爱丁顿　C. 戴维森

| 导读 |

恒星星光在通过太阳引力场时会发生偏转。按照牛顿力学，并把光微粒当作有质量的粒子，星光经过太阳边缘时会发生0.87角秒的偏转。1915年，爱因斯坦根据广义相对论把太阳边缘星光的偏折度定为1.74角秒。

在对广义相对论光线弯曲预言的验证历史上，一个重要的人物就是爱丁顿。1915年正值第一次世界大战各方交战之时，处在敌对国家中的爱丁顿通过荷兰人了解到爱因斯坦理论，并对检验广义相对论关于光线弯曲的预言十分感兴趣。一战结束后，爱丁顿说动了英国政府资助在1919年5月29日发生日全食时进行检验光线弯曲的观测。英国人组织了两支日食观测远征队：一队到巴西北部的索布拉尔

（Sobral），另一队到非洲几内亚海湾的普林西比岛（Principe）。爱丁顿参加了后一队，但他的运气比较差，日全食发生时普林西比岛的气象条件不是很好。1919年11月，两支观测队的结果被归算出来：索布拉尔观测队的结果是 $1.98'' \pm 0.12''$，普林西比队的结果是 $1.61'' \pm 0.30''$。1919年11月6日，英国人宣布光线按照爱因斯坦所预言的方式发生偏折。这一宣布引起了很大的轰动。

现在看来这一次观测的结果是值得商讨的，事后的研究发现，很多导致误差产生的因素当时考虑不够。后来，1922年、1929年、1936年、1947年和1952年发生日食时，各国天文学家都组织了检验光线弯曲的观测，公布的结果与广义相对论的预言有的符合较好，有的则不符合。到20世纪60年代初，天文学家开始确信太阳对星光确有偏折，并认为爱因斯坦预言的偏折量比牛顿力学所预言的更接近于观测。但是广义相对论的预言与观测结果仍有偏差，爱因斯坦的理论可能需要修正。

1973年6月30日的日全食观测是精度较高的一次，结果再次证实广义相对论的预言比牛顿力学的预言更符合观测，但是难以排除后来布兰斯迪克提出的竞争引力理论。1974年到1975年间，福马伦特（A. B. Fomalont）和什拉梅克（R. A. Sramek）利用甚长基线干涉技术，观测了太阳对三个射电源的偏折，最后（1976年）得到太阳边缘处射电源的微波被偏折 $1.761'' \pm 0.016''$，以误差小于1%的精度证实了广义相对论的预言。到1991年，天文学家利用多家天文台协同观测的技术，以万分之一的精度证实了广义相对论对光线弯曲的预言,只不过观测的不再是看得见的光线,而是看不见的无线电波。

探 测 目 的

1. 探测的目的是确定引力场对从中穿过的光线究竟产生什么效应。除了一些可能的意外情况,似乎有三种可能性特别需要加以区别:

(1)光线不受引力影响。

(2)光线的能量或质量以普通方式受引力作用。假如引力定律严格遵从牛顿定律,则会使太阳边缘的恒星产生向外 $0''.87$ 的视位移。

(3)光线的路径符合爱因斯坦广义相对论。这导致太阳边缘的恒星有一个向外 $1''.75$ 的视位移。

在后两种情况中,位移量都反比于恒星与太阳中心的距离。情况(3)中的位移正好是(2)中的两倍。

可以看出,(2)和(3)都是假设光线以普通方式受引力作用。区别在于,(2)是假设了牛顿引力定律,而(3)是假设了爱因斯坦的新引力定律。爱因斯坦理论与牛顿引力定律之间的微小差异能引起水星近日点的过量运动,它随运动客体速度的增加而增大,当速度达到光速极限时,其光程曲率将达到牛顿引力定律所预言的光程曲率的两倍。

2. 位移量(2)首先是由爱因斯坦教授于1911年提出的,他爱因斯坦理论与牛顿引力定律的差异，如果表现在数值上或许是微小的，但是它们的理论框架在整体上的差异是巨大的。

"位移量（2）"即0.87角秒的偏折不是爱因斯坦首次提出来的。早在1704年，牛顿本人就提出过，大质量物体可能会像弯曲其他有质量粒子的轨迹一样，使光线发生弯曲。一个世纪后，拉普拉斯也独立地提出了类似的看法。1804年，德国慕尼黑天文台的索德纳（Johann von Soldner, 1766—1833）根据牛顿力学，把光微粒当作有质量的粒子，预言了光线经过太阳边缘时会发生0.87角秒的偏折。

的论点立足于等价法则，即一个引力场与由参考轴的加速所引起的假想力场是没有区别的。但是，除普遍的等价法则的正确无误以外，还有理由期望光束的电磁能会受到引力场的作用，尤其当证实了包含在铀中的放射能会受引力场作用之后，这种理由更充分了。因此，1915年爱因斯坦发现，普遍的等价法则需要对牛顿引力定律作一个修正，并且新的爱因斯坦定律得到了位移量（3）。

3. 经过太阳附近的恒星星光为观测这种可能的光线弯曲提供了唯一的机会（木星造成的光线最大偏折仅为$0''.017$）。很明显，这种观测必须在日全食期间进行。

在爱因斯坦第一次提出建议之后，E·弗隆德里希博士立即想从已经拍得的日全食底片中进行分析，但是他未能得到足够多的资料。为了检验这个效应，许多观测者制定了以后几年的日全食观测计划，但是都由于有云或其他原因而失败。在爱因斯坦第二次提出他的建议后，利克天文台考察队企图利用1918年日全食来

3 根据1919年5月29日的日全食观测测定太阳引力场中光线的弯曲

验证这个效应。最后的结果还没有发表,他们只发表了一些初步的讨论,然而这次日全食观测是不顺利的。从所发表的情况来看,偶然误差很大,其精度不足以区别上述三种可能性。

4. 这里所介绍的观测结果,似乎十分明确地指向第三种可能性,并证实了爱因斯坦的广义相对论。众所周知,该理论已由水星近日点的运动所证实,观测值在每一世纪中比牛顿理论值大 $43''$,与爱因斯坦理论推出的结果一致。另一方面,他的理论也预言了太阳夫琅和费线的红移,在紫区红移约为 0.008 埃。但按照圣约翰博士的结果,没有证实这个位移。假如认为这种差异有决定性的意义,则需要对爱因斯坦理论进行明显的修正,这已超出我们所讨论的范畴。但是,不论理论的其他部分是否需要修改,现在首先要对慢速运动的水星和快速运动的光波确定出爱因斯坦引力定律对牛顿定律的真实偏离。

这里所发现的效应应该是由太阳引力场引起的,而不是由日冕物质的折射引起的,这点似乎已经很清楚。如果这种观测效应是由折射产生的,那么太阳必须由折射指数为 $1 + 0.000\,004\,14 / r$ 的物质所包围,这里的 r 是以太阳半径为单位来量度的离太阳中心的距离。在离太阳表面为 1 个太阳半径的高度处,折射指数为 $1.000\,002\,12$,这相当于 1/140 个大气压之下的空气、1/60 个大气压下的氢或者 1/20 个大气压下的氦的折射指数。显然,这种量级的密度是不可能的。

探 测 准 备

按：1917 年末，科学家注意到 1919 年 5 月 29 日的日全食对检验爱因斯坦理论特别有利，这是因为发生掩食时太阳周围的星场中有特别多的亮星。日全食路线是从巴西北部越过大西洋经普林西比岛后横贯非洲。我们向英国政府申请了去巴西北部的索布拉尔以及普林西比岛探测的经费 1 100 镑。表 1 绘出了恒星的照相星等、标准坐标和在两个观测点所预期的引力位移值，该引力位移是假设径向位移为 $1.75 r_0 / r$ 角秒而算出的，这里 r 为离太阳中心的距离，r_0 为太阳半径。

表 1 恒星位置引力位移的预期值

编号	星名	照相星等	坐标（单位为 50′）		引力位移			
					（索布拉尔）		（普林西比）	
			x	y	x	y	x	y
		m.			″	″	″	″
1	BD, 21°, 641	7.0	+0.026	−0.200	−1.31	+0.20	−1.04	+0.09
2	Piazzi, IV, 82[①]	5.8	+1.079	−0.328	+0.85	−0.09	+1.02	−0.16
3	金牛座 k	5.5	+0.348	+0.360	−0.12	+0.87	−0.28	+0.81
4	金牛座 k	4.5	+0.334	+0.472	−0.10	+0.73	−0.21	+0.70

① 指意大利天文学家皮亚齐于 19 世纪初期编制的一个星表中的星名。——原编者

（续表）

编号	星名	照相星等	坐标（单位为50′）		引力位移			
					（索布拉尔）		（普林西比）	
			x	y	x	y	x	y
		m.			″	″	″	″
5	Piazzi, IV, 61	6.0	−0.160	−1.107	−0.31	−0.43	−0.31	−0.38
6	金牛座 v	4.5	+0.587	+1.099	+0.04	+0.40	+0.01	+0.41
7	BD, 20°, 741	7.0	−0.707	−0.864	−0.38	−0.20	−0.35	−0.17
8	BD, 20°, 740	7.0	−0.727	−1.040	−0.33	−0.22	−0.29	−0.20
9	Piazzi, IV, 53	7.0	−0.483	−1.303	−0.26	−0.30	−0.26	−0.27
10	金牛座 72	5.5	+0.860	+1.321	+0.09	+0.32	+0.07	+0.34
11	金牛座 66	5.5	−1.261	−0.160	−0.32	+0.02	−0.30	+0.01
12	金牛座 53	5.5	−1.311	−0.918	−0.28	−0.10	−0.26	−0.09
13	BD, 22°, 688	8.0	+0.089	+1.007	−0.17	+0.40	−0.14	+0.39

图1绘出了表1中所载恒星的相对位置，方框系在普林西比观测点所用底片的界限，斜的长方形为索布拉尔观测点的4英寸透镜［所拍摄的底片］的界限。两地发生日全食的时刻相差2.25小时，在此期间，太阳从 s 点移动到 p 点，图中的太阳绘在这两点之间。

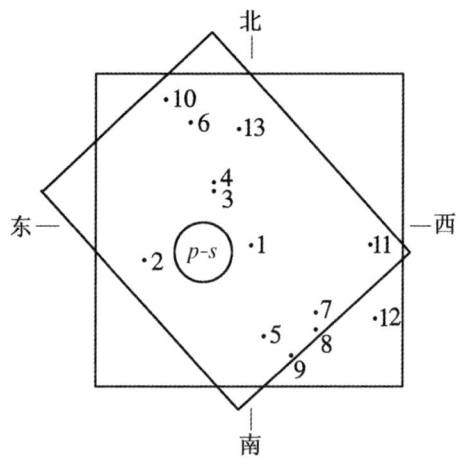

图1　1919年5月29日日全食期间太阳附近的恒星的空间位置。在巴西的索布拉尔以及普林西比岛两地相继发生日全食的时间间隔内，太阳从 s 移到 p。本图的比例尺可从太阳圆面直径为 $31'.6$ 推出

索布拉尔的观测

（观测者：A.C.D. 克罗姆林博士和 C. 戴维森先生）

按：为了去索布拉尔观测，[携带了一架]焦距为343米并配有8英寸光栏的格林尼治天体照相仪，将它装在一个钢管内，并备有16英寸定天镜。另有一个4英寸的辅助透镜放在19英尺长的木制方管中，用8英寸定天镜与之相配。日全食时刻的情况如下：

3 根据1919年5月29日的日全食观测测定太阳引力场中光线的弯曲

日全食那天上午,云量较多,初亏时刻,云掩部分估计占十分之九,这时看不见太阳。几秒钟后才现出太阳的初亏。偏食期间,曾出现过几个日照瞬间,使我们得以把太阳像置于场镜的特定位置和最后调整一下转仪钟速率。当临近全食时,云量减少。在食既前一分钟左右,一块较大的晴空到达太阳。根据观测场镜中渐渐消失的月牙状太阳的长度,发出食既前58秒、22秒、12秒的警报,当月牙状太阳完全消失,叫了一声"到"。利奥卡道博士立刻启动拍节器,他在全食期间每10拍拍叫一声,曝光时间利用这些拍次记录。在310秒时间内拍击320次,根据这种速率算出记录时间,观测计划顺利地完成。天休照相仪拍摄了19张底片,其曝光时间交替地为5秒和10秒。4英寸镜上拍摄了8张底片,曝光时间全为28秒。除了在全食期间约有1分钟时间的薄云之外,太阳周围的天空晴朗。在这约1分钟的有云时间内,虽然肉眼还能窥见内冕,曝光的底片上还呈现轮廓清晰的大日珥,但恒星照相受阻。冲洗之前,底片一直留在底片盒内。底片冲洗是几天后的夜里在附近窑洞中进行的,6月5日之前完成。

按:日全食的参考底片是7月11日在同一地点用拍摄日全食的同一仪器拍得的。通过对日全食底片上的恒星位置与参考底片上的恒星位置比较得知,用4英寸镜拍摄的照片上,离太阳中心$50'$处的平均位移是$0''.625$。因为日全食时的太阳半径为$15'.8$,观测位移相当于在太阳边缘发生$1''.98$的弯曲。对大气折射、像差、底片定位和标度变换进行修正后,不同恒星的位移量列于表2中。表中的计算值是根据爱因斯坦理论用太阳边缘弯曲 $1''.75$ 推算出来的。

用天体照相物镜拍摄的底片,由于太阳光加热引起焦距变化而发生星像弥散。结果使测定的质量不如4英寸镜,而且与4英寸镜的结果不一致,在太阳边缘,其平均弯曲为 $0''.93$。

表2 恒星位置位移量

编号	赤经位移		赤纬位移	
	观测值($''$)	计算值($''$)	观测值($''$)	计算值($''$)
11	−0.19	−0.32	+0.16	+0.02
5	−0.29	−0.31	−0.46	−0.43
4	−0.11	−0.10	+0.83	+0.74
3	−0.20	−0.12	+1.00	+0.87
6	+0.10	+0.04	+0.57	+0.40
10	−0.08	+0.09	+0.35	+0.32
2	+0.95	+0.85	−0.27	−0.09

普林西比的观测

(观测者:A.S.爱丁顿教授和E.T.科廷姆先生)

按:普林西比观测中使用的仪器是牛津的装有8英寸光栏的

3 根据1919年5月29日的日全食观测测定太阳引力场中光线的弯曲

天体照相仪,用16英寸定天镜照射。日全食情况介绍如下:

日全食的前几天多云。5月29日上午从早上10点到11点半大雷雨——在一年的这个时候发生是罕见的。然后,太阳露面几分钟,继而云块又集结起来。在全食前半小时左右,月牙状的太阳偶然可见。1时55分左右,透过飘浮的白云可以连续地看到太阳。日全食的计算时间从2时15分5秒到2时18分7秒(格林尼治时间),底片露光是照原定计划进行的,共拍得16张底片。科廷姆先生控制露光时间并监视转仪钟,爱丁顿教授控制暗盒拉盖。从结果来看,日全食最后三分之一的时间内,云一定很薄,因为在后来拍摄的底片上呈现出星像。在云层稍厚时拍得的底片上,在太阳边缘处可以清晰地看到一个很显著的日珥。

日全食以后的几分钟内,太阳高悬于晴空之中,但晴朗的时间不长。这似乎是由于日全食本身把云层驱散了,犹如在日落时刻,天空常常是晴朗的那样。

按:除日全食底片外,在牛津和普林西比还拍摄了包括大角星在内的比较星场底片。日全食星场的比较底片在几个月内的夜里都不能进行拍摄。比较星场的底片用来表明在包含大角星的星场底片中没有日全食底片上所出现的那种位移。因此可以推断出全食底片上[星像]的位移只能是由星场中被月亮掩食的太阳引起的。

假如用X和W表示日全食底片,用G、H、D、I表示在牛津拍摄的比较底片，则相当于太阳边缘的弯曲可以有以下几种结果：

从两张日全食底片可以得到四个结果：

$$X—G \quad 1''.94$$
$$X—H \quad 1''.44$$
$$W—D \quad 1''.55$$
$$W—I \quad 1''.67$$

平均值为 $1''.65$，可能误差为 $0''.30$。这与爱因斯坦的预言值 $1''.75$ 相当一致。

一般结论

在总结两个探测队的结果时，赋予了索布拉尔 4 英寸镜的结果以最大的权重。从像的优质和底片的较大尺度上考虑它们是最可信的。此外，从赤经和赤纬独立得到的结果的一致性和各恒星残差的相符合，表明它比其他仪器可能有更为满意的检验结果。

这些底片给出：

根据赤纬　　$1''.94$，

根据赤经　　$2''.06$。

从赤纬所得的结果的权重约是从赤经所得结果的两倍，所以平均结果为

$$1''.98,$$

其或然误差约 $\pm 0''.12$。

根据1919年5月29日的日全食观测测定太阳引力场中光线的弯曲

普林西比的观测总的来说受到云的干扰。这种不利的条件也许部分地被岛上的极均匀的温度所弥补。所得的弯曲是

$$1''61。$$

或然误差约 $\pm 0''30$，所以这一结果比前者具有较小的权重。

上面两个结果都接近爱因斯坦广义相对论的 $1''.75$ 的弯曲值。索布拉尔结果是肯定的，而普林西比的结果也许有些不确定性。但索布拉尔天体照相仪拍摄的底片给出的弯曲为

$$0''.93,$$

远远超出它的偶然误差的限度。由于这一原因，不能给该处的测量以太大的权重。

已经假设，位移量反比于离开太阳中心的距离，因为所有的理论在这一点上都是一致的。而且，事实上从量纲考虑这也很清楚，假如是由引力引起这种位移，它必然遵从这一定律。从4英寸镜的结果来看，对这个定律可以进行某种检验，尽管这些检验还是很粗糙的。结果汇总在图2中，该图表示恒星径向位移（所有底片的平均值）与离太阳中心距离之间的关系。

因此，索布拉尔和普林西比的探测结果几乎毋庸置疑地表明，光线在太阳附近会发生弯曲，弯曲值符合爱因斯坦广义相对论的要求，而且是由太阳引力场产生的。但观测饶有趣味，人们仍愿意在未来的日全食中重复这项工作。1919年日全食不寻常的有利条件将不会再出现，因此将必然拍摄一些弱星，这些弱星可能离太阳更远。假如要得到像正规恒星工作中那样高质量照相的话，至少得用

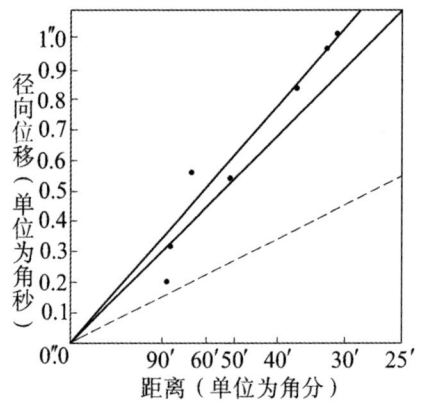

图2 1919年5月29日日全食期间,太阳附近恒星位置的平均径向位移与每颗恒星离太阳中心角距离(以角分为单位)的关系。中间的直线表示按爱因斯坦理论所得的位移,虚线表示按牛顿定律所得的位移,上边的直线表示观测结果

人们不只是愿意,而且是必须,在未来重复精度更高的观测,才能验证广义相对论光线弯曲的预言是否正确。

像88英寸物镜的天体照相仪那样的望远镜进行观测。最好不要用定天镜。定天镜系统对日冕照相和光谱仪观测是很方便的,但对高精度观测来说,它会在光路里引进一些不希望有的、本来能够避免的复杂性。某些形式的赤道式装置(如利克天文台日食探测中所用的)似乎是合乎需要的。

选自《天文学名著选译》,宣焕灿选编,知识出版社,1989年。许敖敖译。

从光线弯曲的验证历史看广义相对论的正确性问题

钮卫星

| 导读 |

本文围绕广义相对论对光线弯曲的预言和对该预言的证实有三个方面的史实首先得到澄清，进而对光线弯曲预言的验证历史给出详细的叙述，在此基础上对广义相对论何时变得正确、在什么层面上是正确的等问题给予讨论。

光线在通过强引力场附近时会发生弯曲，这是广义相对论的重要预言之一。[①]然而，通过直接面对大众媒体和一些科学文

---

① 广义相对论同时还作出了另外两项可供检验的预言：水星近日点的异常进动和光谱线的引力红移。对这两项预言，前者事实上是对已知现象的解释，后者的观测效应不是很明显。相对而言，光线弯曲预言的观测效应和"验证"后的轰动性都比较显著，因此本文从对光线弯曲预言的验证历史入手来讨论广义相对论在人们心目中的正确性问题。

1999年12月26日，爱因斯坦被美国《时代周刊》评选为"世纪伟人"，被公认为是自伽利略、牛顿以来最伟大的科学家、物理学家

化类书籍,广义相对论光线弯曲预言的验证往往被戏剧化、简单化和夸张地再现给观众和读者。譬如,在一部艺术地再现爱因斯坦一生的法国电影《爱因斯坦》①中,有这样一个镜头,1919年秋季某一天在德国柏林,爱因斯坦举着一张黑乎乎的照相底片,对普朗克说:(大意)多么真实的光线弯曲啊,多么漂亮的验证啊!而一些科学类读物中的说法,如"爱丁顿率领着考察团去南非看日食,真的看见了"②这样的描述也过于粗略,容易产生误导。

理论预言是否已经被观测证实,直接关系到该理论应否被人们接受为正确理论。因此,笔者以为,广义相对论作出光线弯曲的预言后,对该预言验证的真实历史如何,值得做一番认真的考察。并且,在此考察基础上,笔者将对广义相对论在何种意义上、在什么时候才成为正确的理论作进一步的讨论。该讨论对于如何看待科学史上其他理论的正确性问题也具有一定的借鉴意义。

围绕光线弯曲的预言和证实,有以下三个方面的史实容易产生混淆。在叙述验证光线弯曲预言的真实历史之前,先分别作简要澄清。

首先,光线弯曲不是广义相对论独有的预言。早在1704年,持有光微粒说的牛顿就提出,大质量物体可能会像弯曲其他有质

---

① 编剧:贝阿特里斯·鲁班斯坦,让弗朗索瓦·格里布兰,导演:拉扎尔·伊格莱希,法国,1984。

② 吴国盛,《自由的科学》,福建教育出版社,2002年8月,第128页。另,爱丁顿率队观测日食的地点是非洲几内亚湾中的普林西比岛,而不是南非。

量粒子的轨迹一样使光线发生弯曲。一个世纪后，法国天体力学家拉普拉斯独立地提出了类似的看法。1804 年，德国慕尼黑天文台的索德纳（Johann von Soldner，1766—1833）根据牛顿力学，把光微粒当作有质量的粒子，预言了光线经过太阳边缘时会发生 0.875 角秒的偏折。[1]但是，在 18 世纪和 19 世纪，光的波动说逐渐占据上风，牛顿、索德纳等人的预言没有被认真对待。

1911 年，时为布拉格大学教授的爱因斯坦才开始在他的广义相对论框架里计算太阳对光线的弯曲，当时，他算出日食时太阳边缘的星光将会偏折 0.87 角秒。1912 年，回到苏黎世的爱因斯坦发现空间是弯曲的，到 1915 年已在柏林普鲁士科学院任职的爱因斯坦把太阳边缘星光的偏折度修正为 1.74 角秒。[2]

其次，需要观测来检验的不只是光线有没有弯曲，更重要的是光线弯曲的量到底是多大，并以此来判别哪种理论与观测数据符合得更好。这里非常关键的一个因素就是观测精度。即使观测结果否定了牛顿理论的预言，也不等于就支持了广义相对论的预言。只有观测值在容许的误差范围内与爱因斯坦的预言符合，才能说观测结果支持广义相对论。20 世纪 60 年代初，有一种新的引力理论——布兰斯迪克理论（Brans-Dicke Theory）也预言星光会被太阳偏折，偏折量比广义相对论预言的量小 8%。[3]为了判别广义相对论和布兰斯迪克理论哪个更符合观测结果，对观测精度就提出了更高的要求。

第三，光线弯曲的效应不可能用眼睛直观地在望远镜内或照相底片上看到，光线偏折的量需要经过一系列的观测、测量、归算后得出。要检验光线通过大质量物体附近发生弯曲的程度，最好的机会莫过于在发生日全食时对太阳所在的附近天区进行照相观测。在日全食时拍摄若干照相底片，然后等若干时间（最好半年）之后，太阳远离了发生日食的天区，再对该天区拍摄若干底片。通过对前后两组底片进行测算，才能确定星光被偏折的程度。

这里还需要指出，即使是在日全食时，在紧贴太阳边缘处也是不可能看到恒星的。以1973年的一次观测为例，被拍摄到的恒星大多集中在离开太阳中心5到9个太阳半径的距离处（见下图），所以太阳边缘处的星光偏折必定是根据归算出来的曲线进行外推而获得的量。靠近太阳最近的几颗恒星往往非常强烈地影响最后的结果。

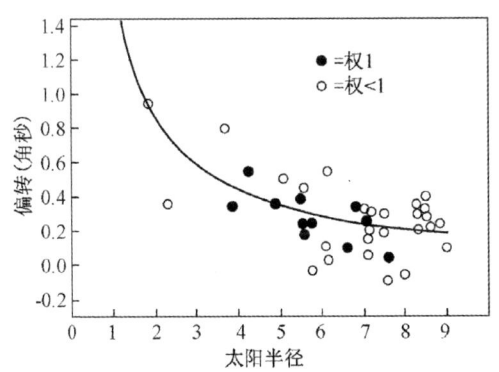

1973年日食观测所得的星光偏折值与恒星离开太阳距离的关系（《日全食》，206页）

"双爱因斯坦环"

引力透镜效应最初是广义相对论的一个预言,指的是大质量天体(如星系团)会较大程度地扭曲周围时空,当背景光源(如星系)发出的光线从附近经过时,就会像通过透镜一样发生弯曲。引力透镜不仅是宇宙中天然的放大镜,可以帮助科学家观测宇宙深处的情况,还会创造出一些神奇的景观,如爱因斯坦环。爱因斯坦环是背景光源因受到引力透镜效应的影响(光线弯曲),观测起来呈环状的一种现象。

2008年1月10日,在美国第211届天文学会会议上,天文学家拉斐尔·卡瓦兹和托马索·特洛伊研究组展示了从哈勃空间望远镜的大量图片数据中意外获得的一张珍贵的"双爱因斯坦环"SDSSJ0946+1006照片。双环的形成原因是在一个前置天体后面有两个距离不等的遥远星系,恰好排列在一条线方向上,SDSSJ0946+1006位于狮子座,前置天体距离约30亿光年,产生内环幻像的星系距离约60亿光年,产生外环幻像的星系距离约110亿光年在广义相对论光线弯曲预言的验证历史上，一个重要的人物就是英国物理学家爱丁顿（Arthur Eddington 1882—1944）。爱丁顿说动了英国政府资助在1919年5月29日发生日全食时进行检验光线弯曲的观测。英国人为那次日食组织了两个观测远征队：一队到巴西北部的索布拉尔（Sobral），另一队到非洲几内亚海湾的普林西比岛（Principe）。爱丁顿参加了后一队，但他的运气比较差，日全食发生时普林西比的气象条件不是很好。1919年11月，两支观测队的结果被归算出来：索布拉尔观测队的结果是 $1.98'' \pm 0.12''$，普林西比队的结果是 $1.61'' \pm 0.30''$。[①]1919年11月6日，英国人宣布光线按照爱因斯坦所预言的方式发生偏折。

但是这一宣布是草率的，因为两支观测队归算出来的最后结果受到后来研究人员的怀疑。天文学家们明白，在检验光线弯曲这样一个复杂的观测中，导致最后结果产生误差的因素很多。其中影响很大的一个因素是温度的变化，温度变化导致大气扰动的模型发生变化、望远镜聚焦系统发生变化、照相底片的尺寸因热胀冷缩而发生变化，这些变化导致最后测算结果的系统误差大大增加。爱丁顿他们显然也认识到了温度变化对仪器精度的影响，他们在报告中说，小于10°F的温差是可以忽略的。但是，索布拉

[①] F. W. 戴森、A. S. 爱丁顿、C. 戴维森，根据1919年5月29日的日全食观测测定太阳引力场中光线的弯曲，《天文学名著选译》，宣焕灿选编，知识出版社，1989年，451—461。

科学验证：
那些天空及世间的证明

江晓原
科学读本

影片《爱因斯坦与爱丁顿》讲述了1914年到1919年之间，亚瑟·爱丁顿和阿尔伯特·爱因斯坦两个天才科学家相交叉的人生轨迹。爱丁顿是爱因斯坦相对论的推广者，同时，他也是第一位理解爱因斯坦相对论并证明其正确的科学家。

尔夜晚温度为75℉，白天温度为97℉，昼夜温差达22℉。后来，研究人员考虑了温度变化带来的影响，重新测算了索布拉尔的底片，最大的光线偏折量可达2.16″±0.14″。[4]底片的成像质量也影响最后结果。1919年7月，在索布拉尔一共拍摄了26张比较底片，其中，19张由格林尼治皇家天文台的天体照相仪拍摄。这架专门用于天体照相观测的仪器聚焦系统出了一点问题，所拍摄的底片质量较差，另一架4英寸的望远镜拍摄了7张成像质量较好的底片。按照前19张底片归算出来的光线偏折值是0.93″（《天文学名著选译》，第460页），按照后7张底片归算出来的光线偏折值却远远大于爱因斯坦的预言值。最后公布的值是所有26张底片的平均值，只不过前19张底片的加权值取得较小。1929年，德国的研究人员对英国人的观测结果进行验算后发现，如果去掉其中一颗恒星，如成像不好的恒星，会大大改变最后结果（《日全食》，第200—201页）。

表1 多次日食期间对光线弯曲的光学观测结果[1]

日期	地点	结果及误差（角秒）
1919年5月29日	Sobral	1.98 ± 0.16
	Principe	1.61 ± 0.40
1922年9月21日	Australia	1.77 ± 0.40
		1.42–2.16
		1.72 ± 0.15
		1.82 ± 0.20
1929年5月9日	Sumatra	2.24 ± 0.10
1936年6月19日	USSR	2.73 ± 0.31
	Japan	1.28–2.13
1947年5月20日	Brazil	2.01 ± 0.27
1952年2月25日	Sudan	1.70 ± 0.10
1973年6月30日	Mauritania	1.66 ± 0.18

后来1922年、1929年、1936年、1947年和1952年发生日食时，各国天文学家都组织了检验光线弯曲的观测，公布的结果与广义相对论的预言有的符合较好，有的则严重不符合。

1973年6月30日的日全食是20世纪全食时间第二长的日全食，并且发生日全食时太阳位于恒星最密集的银河星空背景下，十分有利于对光线偏折进行检验。美国人在毛里塔尼亚的欣盖提

---

[1] 主要参考《日全食》，上海科技教育出版社，2002年，第201页表9.1，本文增加了1973年的观测结果。

沙漠绿洲建造了专门用于观测的绝热小屋，并为提高观测精度作了精心的准备。在拍摄日食照片后，观测队封存了小屋，用水泥封住了望远镜上的止动销，到11月初再回去拍摄比较底片。用精心设计的计算程序对所有的观测量进行分析之后，得到太阳边缘处星光的偏折是 $1.66'' \pm 0.18''$（《日全食》，第206页）。这一结果再次证实广义相对论的预言比牛顿力学的预言更符合观测，但是难以排除此前已经提出的布兰斯迪克理论。

　　光学观测的精度似乎到了极限，人们想到通过观测太阳对无线电波的偏折来检验广义相对论的预言。从1970年左右开始进行这样的观测，1974年到1975年间，福马伦特（A. B. Fomalont）和什拉梅克（R. A. Sramek）利用甚长基线干涉技术观测了太阳对三个射电源的偏折，最后（1976年）得到太阳边缘处射电源的微波被偏折 $1.761'' \pm 0.016''$。终于，天文学家以误差小于1%的精度证实了广义相对论的预言，到1991年利用多家天文台协同观测的技术，以万分之一的精度证实了广义相对论对光线弯曲的预言。只不过这时观测的不再是看得见的光线而是看不见的无线电波。

表 2　太阳对无线电波偏折的射电观测结果 ①

年份	地点	观测值与广义相对论预言值之比
1970	Owens Valley	1.01 ± 0.11
1970	Goldstone	1.04 ± 0.15
1971	(American) National RAO	0.90 ± 0.05
1971	Mullard RAO	1.07 ± 0.17
1973	Cambridge	1.04 ± 0.08
1974	Westerbork	0.96 ± 0.05
1974	Haystack / National	0.99 ± 0.03
1975	(American) National RAO	1.015 ± 0.011
1975	Westerbork	1.04 ± 0.03
1976	(American) National RAO	1.007 ± 0.009
1984	VBLI	1.004 ± 0.002
1991	VBLI	1.000 1 ± 0.000 1

根据前述的对光线弯曲的验证历史，似乎存在这样一个疑问：难道只能说直到1973年，甚至1991年才能说爱因斯坦的广义相对论才成为"正确"的理论？为了解开这个疑问，笔者认为需要在三个层面上谈广义相对论的正确性问题，第一个层面是在一般公

---

① 表中数据引自电子书 Reflections on Relativity 第六章第三节。

众眼里广义相对论的正确性问题。

在1919年11月6日召开的英国皇家天文学会和皇家学会联合举行的大会上,天文学家罗伊尔宣布:"星光确实按照爱因斯坦引力理论的预言发生偏折。"第二天,历来谨慎的英国《泰晤士报》(The Times)赫然出现醒目的标题文章:"科学中的革命",两个副标题是"宇宙新理论""牛顿观念的破产"(Pais,第306—307页)。1919年12月14日《柏林画报》(Berliner Illustrierte Zeitung)周刊的封面刊登了爱因斯坦的照片,并配上这样的标题说明:"世界历史上的一个新伟人:阿尔伯特·爱因斯坦,他的研究标志着我们自然观念的一次全新革命,堪与哥白尼、开普勒、牛顿比肩。"(Pais,第308页)

从广义相对论提出后半个多世纪里人们对光线弯曲预言的检验情况来看,1919年所谓的验证在相当程度上是不合格的。但毋庸置疑的是,爱因斯坦因这次验证的公布获得了极大的荣誉。在媒体的宣传下,爱因斯坦迅速成为一个传奇人物,一个万人敬仰的英雄。1921年,爱因斯坦首次访问英国,下榻在负责接待的霍尔丹勋爵在伦敦的住所,霍尔丹的女儿见到这位著名的客人来到自己家时激动得晕了过去。

英雄的行为总与正确、正义等属性联系在一起。在那个世界上还没有几个人能理解广义相对论的年代,《泰晤士报》和《柏林画报》等媒体的读者显然已把广义相对论当作正确的理论接受了。而事实上,如今的媒体和大多数科学史家、科学哲学家也都把1919年的日食观测当作证实了爱因斯坦理论的观测。[①]

第二个层面是在广义相对论提出者爱因斯坦本人眼里广义相对论的正确性问题。

爱因斯坦是如何看待他的理论作出的预言和观测验证的呢？早在1914年，爱因斯坦还没有算出正确的光线偏折值，就已经以十分的自信在给贝索（Besso）的信中说："无论日食观测成功与否，我已毫不怀疑整个理论体系的正确性（correctness）。"（Pais，第303页）

关于广义相对论的预言和观测验证，爱因斯坦有自己的观点。1930年，爱因斯坦写道："我认为广义相对论主要意义不在于预言了一些微弱的观测效应，而在于它的理论基础和构造的简单性。"（Pais，第273页）在爱因斯坦看来，广义相对论内在的简单性保证了它的"正确性"。1919年的证实确实给爱因斯坦带来了荣誉，但那是科学理论之外的事情。1919年的证实或许还让更多的人"相信"广义相对论是"正确"的，但这种证实很大程度上只是起到了"说服"的作用。

从科学史上来看，精密的数理科学的进步模式确实有着这样的规律和特点：它们往往是运用当时已有的最高深的数学知识而

[①] 1919年的"验证"被当时只有17岁的少年波普尔当作一个肯定的结果接受，并对他形成"证伪理论"产生了重要影响。参见《猜想与反驳——科学知识的增长》（卡尔·波普尔著，傅季重、纪树立、周昌忠、蒋弋为译，上海译文出版社，1986年）第5052页的叙述。

构建起来的一些精致的理论模型,它们的"正确性"很大程度上由内在的简单性和统一性所保证。虽然,它们必然会给出可供检验的预言,如哥白尼日心说预言了恒星周年视差,爱因斯坦广义相对论预言了光线弯曲,霍金的黑洞理论预言了霍金辐射,但不必等到这些预言被证实,那些理论就应该并已经被当作科学理论。

第三个层面是科学家和相关研究人员眼里广义相对论的正确性问题。

众所周知,爱因斯坦在1921年获得诺贝尔物理学奖是由于他提出的光量子理论。瑞典皇家科学院诺贝尔物理学奖委员会主席阿雷纽斯在颁奖致辞中总结爱因斯坦的主要物理学工作时提到:"爱因斯坦第三方面的研究是关于普朗克在1900年所创立的量子理论的研究,他就是因为此项研究才获得诺贝尔奖。"阿雷纽斯在致辞中当然也提到了爱因斯坦的相对论工作,但他把相对论说成是"从根本上说是与认识论有关的","著名的哲学家柏格森(Bergson)在巴黎批评了这个理论",并且"天体物理学界也对此理论持怀疑态度,因为相关结论目前正在受到严格的检验"。[5] 显然,在这位诺贝尔物理学奖委员会主席眼里,两年前英国人的所谓验证似乎没有发生过。

所谓天体物理学界的怀疑,可以从下面的例子可见一斑。1920年,在华盛顿召开了一次天文学史或者说宇宙学史上的一次重要会议,这次会议的主要目的是为沙普利(Harlow Shapley)和柯蒂斯(Heber Curtis)提供场所,为他们各自关于宇宙结构的观点展开了辩论。① 这次会议在科学史上被称作"大辩论"。"大辩论"的组织者阿伯特（C. G. Abbot）拒绝把相对论作为一个可能的会议议题，他说："我向上帝祈祷，科学的进步会把相对论送到第四维空间之外的某个地方，它就永远不会从彼处回来折磨我们了。"[6]

虽然说，可以把阿伯特看作是反对广义相对论的极端例子。但科学史的史实是，在专业领域内，广义相对论走过了比狭义相对论更为曲折的道路。在广义相对论提出后的较长一段时期里，物理学家对广义相对论不感兴趣。正如斯蒂芬·温伯格曾指出的那样，当时在最基本的层次上研究物质的全部现代物理学，在很大程度上依靠两大支柱：一是狭义相对论，二是量子力学。也就是说，广义相对论与狭义相对论不同，它对于当时主要的研究课题如物质理论和辐射理论并不是必需的。

除了对广义相对论不感兴趣的一部分科学家之外，另外一部分对之感兴趣的，则在对广义相对论进行更严格、更精密的检验。就光线弯曲预言来说，从1919年到1973年，进行了12次光学观测检验（见表1）；另外从1970年到1991年又进行了12次射电观测检验（见表2）。

在爱因斯坦看来，似乎无须这些检验，早在1914年他的理论已然由内在的简单性保证其正确性了。在大众看来，1919年的检

---

① 沙普利主张直径30万光年的大银河系，漩涡星系等天体在银河系内部。柯蒂斯主张这些旋涡星系是银河系外的"岛宇宙"，是跟银河系并级的天体结构。双方在此之前经历了很多年的辩论。

验就已经足够证明广义相对论是正确的。那么，1919年以后几十年里对光线弯曲的检验还有什么意义呢？

　　笔者以为，通过观测来证实某一理论，对于该理论被科学共同体接受有至关重要的作用。在理论提出者爱因斯坦来说，他自信理论的正确性有内在的保证。而对于其他人，他们并没有能力在深刻理解理论的基础上来判断该理论的正确性，所以只能采取"预言—证实"这样一种在其他场合也能行之有效的模式来判断理论的正确性。假如阿伯特能活到1991年，只要他使用科学共同体通行的科学思维和科学方法对待问题，那么他也必定承认广义相对论在万分之一的精度范围内是正确的。

参考文献

[1] Jean Surdej & Jean-Francis Claeskens, Gravitational lensing. The Century of Space Science [M]. Kluwer: Kluwer Academic Publishers, 2001, 442.

[2] Abraham Pais. The Science and the Life of Albert Einstein [M]. Oxford: Oxford University Press, 1982, 303.

[3] 杰克·齐克尔. 日全食 [M]. 傅承启译. 上海：上海科技教育出版社, 2002, 202.

[4] M. Neves, et al, Fantasies. Myths and Fallacies in Modern Physics Teaching: the Case of the 3 "R"s (Radioactivity, Relativity, Red shifts), Physics Teacher Education Beyond 2000, Roser Pinto & Santiago Surinach (eds.) [M]. Paris: Elsevier, 2001, 487—491.

[5] 诺贝尔奖获得者演讲集·物理学（第一卷）[M]. 宋玉升等译. 北京：科学出版社, 1985, 420.

[6] 霍斯金. 剑桥插图天文学史 [M]. 江晓原等译. 山东：山东画报出版社, 2003, 340.

1835年的月亮：一场可喜的骗局

江晓原

| 导读 |

1835年的月亮没有什么特别，但一场精心策划的骗局却让全欧洲都来注视它。这场骗局为什么竟是可喜的呢？

一场精心策划的科学骗局

1834年1月，英国天文学家约翰·赫歇尔（John Herschel, 1792—1871）赴南非好望角建造了一座天文台，准备对整个南天星空进行观测。由于约翰成就卓著的父亲威廉·赫歇尔（Sir William Herschel, 1738—1822）已经奠定了赫歇尔家族在欧洲天文学界响当当的名头，小赫歇尔的这次远征观测在当时广为人知。

1835年8月21日（星期五），纽约《太阳报》在第二版上刊登了一条不太起眼的简讯：天上的发现——来自爱丁堡的杂志报道——我们刚刚从这座城市一位著名的出版人处得知，小赫歇尔通过一架自制的大型望远镜，在好望角获得了一些非常奇妙的天文发现。几天后《太阳报》头版以连载方式刊登了一篇长文，它的大标题非常醒目：约翰·赫歇尔先生在非洲好望角刚刚获得伟大的天文发现（来自《爱丁堡科学杂志副刊》）。

文章开篇，列出了赫歇尔"显然是利用基于新原理之上制成的广角望远镜，所获得的多项有冲击力的天文学新发现"。这些惊人的新发现包括："从太阳系的每一颗行星上都获得了非凡的发现；给出了一种全新的彗星解释理论；发现了其他太阳系行星；解决修正了数理天文学上几乎每一个重要难题"。而其中最令人震惊的成果，莫过于赫歇尔"用望远镜把月亮上的物体拉近到类似我们看一百码之外的物体那么近，确切无疑地解决了地球这颗卫星是否适宜居住的问题"。接下来很长的篇幅主要是对赫歇尔"直径达24英尺、重达15 000磅、放大倍数为42 000倍"的望远镜的详细介绍。

经过这样一番精心铺垫之后，读者终于看到了赫歇尔用巨型望远镜从月亮表面获得的惊人发现：1835年1月10日晚上，当他把望远镜指向月亮时，他看到了各种月亮植被和成群结队的棕色四足动物。

从8月27日起，《太阳报》对赫歇尔的月亮新发现进行了四天的连载，其中8月28日这天刊载的内容将整个事件推向高潮：赫歇尔在月亮上看到了有智慧的生命。文章对这些月球智慧生物的外貌特征进行了详细的描绘，其中特别提到，它们最令人惊讶

3 1835年的月亮：一场可喜的骗局

月球智慧生物示意图

的地方是"长着像蝙蝠一样的翅膀"，而且在水中的时候，它们很敏捷地把翅膀全部打开，出水的时候，它们会像鸭子一样抖落水滴，然后很快收拢闭合。

好奇心被撩拨起来的大多数读者，注意力已完全被月亮新发现的内容所吸引，根本没想到要去辨识真伪。一种广为流传的说法是，甚至连耶鲁大学的几位天文学教授也上当了。著名作家爱伦·坡（Allen Poe）后来回忆起"月亮骗局"时也提到，弗吉尼亚学院的一位资深数学教授很严肃地告诉他，自己对整个事件一点都不怀疑。

骗局的结果出人意料

仅在一周内,《太阳报》凭借"月亮新发现"就蹿升为美国报界的一颗新星。"月亮故事"甚至成为报业发展史上具有里程碑意义的事件。8月28日刊登的那篇描写赫歇尔观测到"像蝙蝠一样的月亮人"的文章,使《太阳报》当天的总发行量达到19 360份——当时世界上发行量最大的报纸《泰晤士报》(The Times)当天的总发行量也只有17 000份。

《太阳报》获得巨大成功,它的竞争对手们也不得不纷纷不同程度地跟进。一些报纸作了全文转载,发行量也随之大增。包括《泰晤士报》在内的一些报纸也先后发表评论文章,认为《太阳报》所登载的月亮新发现"有可能是真实的"。

正在此时,《太阳报》一位名叫洛克(R. A. Locke)的记者,向朋友透露了整件事情的秘密,说所谓的月亮新发现,除约翰·赫歇尔正在南非进行观测确有其事之外,其他内容纯属子虚乌有,全出自他本人笔下。此事很快被曝光为一场骗局。

两周后的9月16日,《太阳报》刊登了一篇文章对此进行回应。文章表示:大多数人对整个故事表示赞赏,他们不仅乐意称它为智慧和天才的杰作,而且也乐见其所产生的积极效果,它把公众的注意力"从苦涩的现实中,从废奴的斗争中,稍稍解脱出来了一会儿"。对于所造成的"误解",文章辩解说,虚构的月亮新发现可以被解读为"一个机智的小故事"或是"对国家政治出版机构以及各种党派负责人令人厌恶的行为的一种嘲讽"。它拒绝承认这是一场骗局。文章中有一段在今天看来是意味深长的话：

> 许多明智的科学人士相信它是真实的，他们至死都会坚信这一点；而持怀疑态度的人们，即使让他们身处赫歇尔先生的天文台，也仍然是麻木不仁。

《太阳报》居然采用这样的方式来化解尴尬局面，而更令它的对手意想不到的是，公众在知道"月亮故事"是一场骗局后，却并不排斥它——事实上，这种戏剧性的情节反而更加刺激了公众的阅读热情。为了满足大众的需求，《太阳报》把"月亮故事"连载文章合编成一本小册子。小册子除了在美国畅销，还被翻译成各种语言，迅速在法国、德国、意大利、瑞典、西班牙、葡萄牙等欧洲国家传播开来。

科学只是现代大众媒体利用的资源

一场骗局为什么竟会产生如此戏剧性的后果呢？

首先，在今天看来绝对荒诞无稽的关于"月球智慧生物"的讨论，在当时却是许多科学界头面人物都在认真研讨的"科学课题"。例如，奥伯斯（H. W. Olbers）和格鲁伊图伊森（F. von Gruithuisen）都认为，有理性的生命居住在月亮上是非常有可能的；而著名的数学家高斯（Karl F. Gauss）甚至设想了和"月亮居民"进行交流的具体方案,他认为"如果我们能和月亮上的邻居取得联系的话,这将比美洲大陆的发现要伟大得多"。这些讨论至少出现在《哲学年鉴》(Annals of Philosophy)、《爱丁堡新哲学杂志》(Edinburgh New Philosophical Journal)之类的学术刊物上。

其次,那时的大众媒体看来已经和今天完全一样——以娱乐公众为终极目的。在媒体眼中,科学只是供它们利用的资源之一而已,传播科学不是它们的义务,而只是它们的手段。所以,"月亮故事"这样一场科学骗局不仅没有受到公众的谴责,反而赢得公众的欢心,成为一场皆大欢喜的"多赢"喜剧。

当"月亮故事"如火如荼上演时,真正的"受害人"约翰·赫歇尔正在孜孜不倦地对整个南天星空进行观测。1838年,他从好望角返回英国,出版了论著《1834—1838年好望角天文观测结果》(Results of Astronomical Observations Made During The Years 1834, 5, 6, 7, 8, at the Cape of Good Hope)。在此期间他对"月亮故事"究竟持何种态度,长期以来一直没有人注意。直到2001年才有学者在赫歇尔家族的私人档案馆中找到小赫歇尔1836年8月21日写给伦敦《雅典娜神殿》(The Athenaeum)杂志的一封公开信,他在信中就"月亮故事"颇为无奈地表达了自己所处的尴尬境地。

但不知何故,赫歇尔最终没有把信寄出。

也许,他并不反对让自己的名字继续和这出喜剧联系在一起?

本文原载《新发现》杂志2011年第9期,有删改。

膨胀宇宙的物理学

G. 伽莫夫

| 导读 |

乔治·伽莫夫（George Gamow, 1904—1968）出生于俄国敖德萨市（现为乌克兰第二大城市）。1928—1931年先后在丹麦哥本哈根大学和英国剑桥大学师从著名物理学家玻尔和卢瑟福进行研究工作，1931年回国任列宁格勒大学教授。当时，自命为"坚持唯物主义"的李森科学派正称霸科学界，不仅与李森科持不同看法的著名遗传学家瓦维洛夫神秘地失踪，就连物理学界也受到巨大的冲击：凡是支持爱因斯坦的相对论和海森堡的测不准原理的人，都一律被视为异端。在这种恶劣的环境下，伽莫夫觉得祖国已无发展前途，而且随时有生命危险，终于在1933年借一次物理学国际会议之机离开俄国，并于1934年移居美国，直至1968年卒于科罗拉多州的博尔德。

伽莫夫主要从事核物理理论研究，他

科学验证：
那些天空及世间的证明

江晓原
科学读本

的重要工作之一是完善了贝特恒星理论。贝特认为核反应是恒星辐射能的来源。伽莫夫进一步指出当恒星内部的氢被耗尽时，星球会变热，改变了以往认为的恒星会慢慢变冷的看法，使人类对恒星演化有了新的认识。

使伽莫夫名声大振的是他提出的关于宇宙以及宇宙内的元素在极短时间内产生的一个理论，这个理论后来被他的对手霍伊尔戏称为"大爆炸"学说。现在的"大爆炸"宇宙模型中很多细节上比起伽莫夫当初提出来时，已经有了很多改进，但伽莫夫的基本思想是正确的。"大爆炸"学说的几项预言，如宇宙中和恒星内部的氦丰度、宇宙微波背景辐射等，都得到了观察证实。

引　言

按照人们普遍采纳的观点，在遥远星系中观测到的光谱线红移，必须解释为位于无限宇宙空间中的遥远星系系统迅速膨胀（或者说是"散开"）的结果。因此，从前形成宇宙的物质曾是高度压缩而具有很高的（也许是均匀的）密度和温度。几年前，邦迪、戈尔德和霍伊耳[1]提出了另一种假说，即星系不断散开完全为新物质的连续创生以及新星系的形成所补偿。然而，至少按本文作者的看法，这一假说在目前既非必要亦站不住脚。事实上，最近有关星系际距离的新资料已经消除了原先根据地质学资料与根据观测到的退行速度得出

---

[1] H.Bondi, *Cosmology*（Cambridge: Cambridge Univ. Press, 1952）.

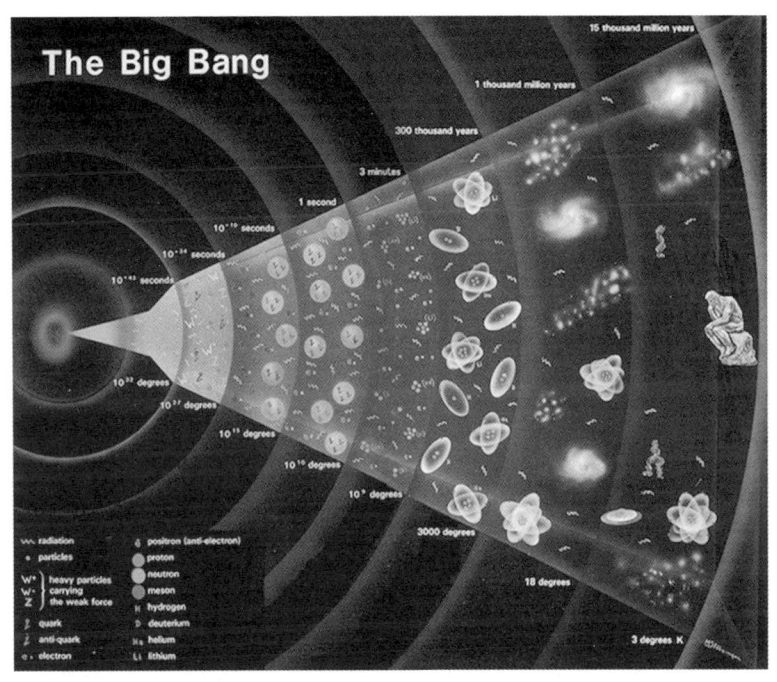

大爆炸以来

的宇宙年龄之间的老矛盾。另一方面,斯特宾斯与怀特福德[1]观测到的遥远椭圆星系过度红化肯定表明整个宇宙存在着演化趋势。

热辐射在宇宙学中的重要性

回到宇宙从原始高密状态演化膨胀的图景,我们可以问:在

---

[1] A.E.Whitford, *Astron. J.* 58, 49 [1953].

这种膨胀的不同阶段必须具有怎样的物理条件以及怎样的过程,才能导致原始均匀物质演变成目前这种由单个星系、恒星、行星等组成的高度非均匀的系统?

在研究宇宙过去的历史中曾经发生的物理过程时,将普通物质(物质粒子)所起的作用与热辐射(热量子)所起的作用区分开来是很重要的。在通常的物理实验范围内,渗透于一切物体(当然,除非将它们置于绝对零度下)的热辐射,在这些物体的力学和热学性质中所起的作用相对说来并不重要。例如,考虑在正常密度和温度下的单位体积的空气。此处,它是普通大气气体与由热辐射量子形成的某种气体的混合物。对于该系统的质量密度 ρ 和热容量 C,我们可以写出

$$\rho = mn + \frac{aT^4}{c^2} \qquad (1)$$

和

$$C = \frac{3}{2}kn + 4aT^4。 \qquad (2)$$

此处,m 和 n 是单位体积内的粒子平均质量和粒子数,k 和 a 是玻尔兹曼常数和斯忒藩常数。

代入各种数值,求出辐射的质量密度与热容量分别为 7×10^{-26} 克·厘米$^{-3}$ 和 8×10^{-7} 尔格·厘米$^{-3}$·度$^{-1}$;这两个数字与物质成分的质量密度和热容量相比,都小得可以忽略不计。

然而,如果现在考虑的是恒星中心区域物质与辐射的某种混合物,就会发现情况有所不同。事实上对于 $\rho = 100$ 克·厘米$^{-3}$ 和 $T = 2 \times 10^7$ K,辐射的质量密度与物质的质量密度相比仍可忽略,

但是它的热容量现在是 24×10^8 尔格·厘米$^{-3}$·度$^{-1}$，这是在给定条件下物质热容量的 2.5%。在更热的恒星中，辐射的热容量（以及压力）变得更大，因此在有关热力学和流体力学的一切问题中都必须予以考虑。

现在我们来考虑单位体积的星际气体，其密度为 10^{-24} 克·厘米$^{-3}$，温度约 100 K。在这样的情况下辐射的质量密度（0.8×10^{-28} 克·厘米$^{-3}$）依然很小，与物质的质量密度相比可以忽略。但是，辐射的热容量现在是 3×10^{-8} 尔格·厘米$^{-3}$·度$^{-1}$，超过物质热容量的两亿倍。于是，在涉及这样一种原子和热量子的混合物的所有热力学问题中，热辐射将起着主导作用。特别是，如果这样一种混合物绝热膨胀或绝热收缩，则温度的变化将完全由辐射确定。众所周知，由于绝热膨胀的辐射，其温度的下降与体积的立方根成反比，而（单原子）气体的温度变化则反比于其体积的三分之二次方，所以该系统的物质部分将比辐射冷却快得多，从而就会有某种固定的能流从辐射进入气体。但是，由于辐射的热容量大得多，所以这种混合物的平衡温度将非常接近于遵从立方反比定律。此处必须注意，在绝热膨胀或收缩过程中，辐射和物质两者的热容量之比保持常数。事实上，（2）式表明它们均反比于体积而变化。

整个宇宙中物质和辐射之间的平衡，与上面讨论的星际气体的例子很相似。事实上，如果取宇宙中的平均物质密度值为 10^{-30} 克·厘米$^{-3}$，并假定温度低达 1 K，那么辐射密度将比物质密度小一万倍，与此同时，它的热容量则要大两亿倍。只有当假定宇宙

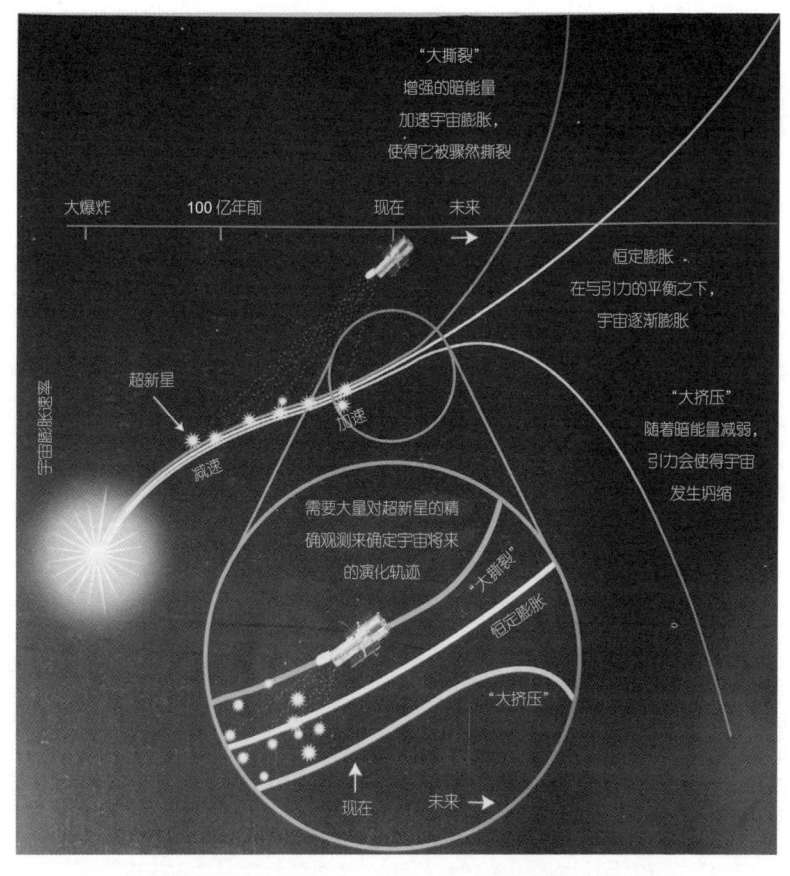

暗能量宇宙的未来命运："大撕裂"、恒定膨胀、"大挤压"

的平均温度低到千分之一度以下时，辐射的热容量才会比物质的热容量小。

现在，转向目前存在于星系际空间的真实物理条件。首先假定目前宇宙中的所有热量皆由在它存在的50亿年中累积起来的恒星辐射所提供，由此来估计星系际空间的极小温度。就我们的目的而言，可以将太阳当作典型恒星，因为事实上星系具有与太阳相同的平均光谱型。太阳每单位质量每秒钟内辐射2尔格能量，在它存在的期间，每一克物质必定已经辐射了3×10^{17}尔格或3×10^{-4}克的辐射。因为宇宙中恒星物质的平均密度约为10^{-30}克·厘米$^{-3}$，所以目前热辐射的平均密度至少应为3×10^{-34}克·厘米$^{-3}$。利用（1）式，可以算出宇宙目前的温度至少必须为绝对零度以上若干度，所以热辐射的总热容量必定超出物质总热容量好几亿倍。

也可以利用氢氦转化（它是恒星能量的来源）的能量平衡对宇宙温度估算一个最大值。根据核物理学的资料，这种转化导致原始质量的0.6%以辐射的形式释放出来。于是密度为10^{-30}克·厘米$^{-3}$、均匀分布的纯氢释放的辐射的最大质量密度是6×10^{-33}克·厘米$^{-3}$，即仅为先前估计的20倍。相应的最大温度仅为绝对温度6度！这样，可以看到，如果宇宙物质不是凝聚成恒星，而是保持均匀分布于整个空间直至达到目前的稀疏程度，那么，它就不会被加热到绝对零度以上这么多，即使（由于某种奇迹）氢氦转化已经释放了全部可资利用的核能也无济于事。即便核反应能够充分供应每个粒子的能量，将"粒子温度"提高到好几十亿度,[①] 所有这些能量仍将被热辐射(由于它的热容量非常大)带走,结果这种混合物的温度就很难升到绝对零度之上!

宇宙史上的辐射时代和物质时代

除了恒星中的核反应产生的宇宙热量外,还会从更早的前恒星阶段留下一些热,事实上,如果假设年轻宇宙的原始均匀物质完全没有任何热运动,那倒是极不自然的。为了估计这种余热,如果空间充满了气体和热辐射的某种混合物,那么我们就必须较详细地考虑空间膨胀的规律。按照广义相对论,一个均匀各向同性宇宙随时间变化的规律由下式描述:[②]

$$\frac{1}{l}\frac{dl}{dt}=\sqrt{\frac{8\pi G}{3}\rho-\frac{c^2}{R^2}}, \qquad (3)$$

此处 l 是该膨胀空间中任意两个物质点之间的距离,ρ 是总的物质密度,G 是牛顿引力常数,c 是光速,R 是曲率半径。

ρ 的值由公式(1)给出;我们注意到,在膨胀过程中第一项按 l^{-3} 变化,第二项则按 l^{-4} (因为 $T \propto l^{-1}$)变化。由于(3)式根号下的第二项按 l^{-2} 变化,所以我们得出结论:对于充分早的膨胀阶段,根号下唯一重要的项是代表辐射质量密度的那一项。忽略其他两项,且用 T 的负对数导数代替 l 的对数导数,我们便得到

[①] 事实上,如果 4H → He 反应的总能量 3.7×10^{-5} 尔格仅在所产生的 α 粒子和两个电子之间进行分配,而不产生热辐射,则粒子温度将为
$$\frac{1}{3} \times \frac{2}{3} \times \frac{3.7 \times 10^{-5}}{1.4 \times 10^{-16}} = 6 \times 10^{10} \text{ K}。——原注$$

[②] G.Gamow, *Dansk. Mat. Fys. Medd.* 27, No.10 [1953].

$$\frac{1}{T}\frac{dT}{dt}=-\sqrt{\frac{8\pi G}{3}\times\frac{aT^4}{c^2}}, \qquad (4)$$

积分得

$$T=\sqrt[4]{\frac{3c^2}{32\pi aG}}\times\frac{1}{t^{1/2}}=\frac{1.5\times10^{10}}{t^{1/2}}(\text{K}), \qquad (5)$$

此处 t 以秒计，且从代表宇宙"开端"的奇异状态算起。对于在此期间内辐射的质量密度，可得到

$$\rho_{\text{辐射}}=\frac{4.4\times10^5}{t^2}\text{克}\cdot\text{厘米}^{-3}。 \qquad (6)$$

暂且假定对于宇宙目前的状态，这些公式依然成立，也就是说，即使在目前辐射密度还是超过物质密度。取宇宙目前的年龄为（如由地质学资料以及由恒星演化研究所给出的）5×10^9 年或 15×10^{17} 秒，得出 $T_{\text{辐射}}$（目前）= 10 K，且 $\rho_{\text{辐射}}$（目前）= 2×10^{-29} 克·厘米$^{-3}$ = $20\rho_{\text{物质}}$（目前）；这些结果本身并不与已知的事实相矛盾。然而，假定公式（4）在目前的时刻依然成立，并由表达式

$$\frac{1}{l}\frac{dl}{dt}=-\frac{1}{T}\frac{dT}{dt}=\frac{1}{2t} \qquad (7)$$

算出膨胀率，得到目前的膨胀率（即目前的哈勃常数值）仅为实际观测值的一半。因此，只能得出结论：在宇宙过去的历史上某个时候，辐射丧失了对物质所占的优势，且在涉及目前阶段的所有计算中，仅仅必须保留总质量密度表达式中的物质项。回到公式（3），取哈勃常数的正确值 65×10^{-18} 秒$^{-1}$，并取 $\rho=\rho_{\text{物质}}=10^{-24}$ 克·厘米$^{-3}$，根号下的第一项与最后一项相比可以忽略不计。于是，得到

$$\left[\frac{1}{l}\frac{dl}{dt}\right]_{现在}=\sqrt{-\frac{c^2}{R^2}}=\frac{ic}{R}, \tag{8}$$

结果，宇宙具有虚的曲率（这意味着空间是开放而无限的），目前的曲率半径数值为 4×10^9 光年。在（3）式中，密度项与曲率项相比为小量，在物理上意味着弥散的星系系统的动能在目前要比它们相互之间的位能大得多，因此膨胀随着时间线性地继续下去。这样我们就可以写出

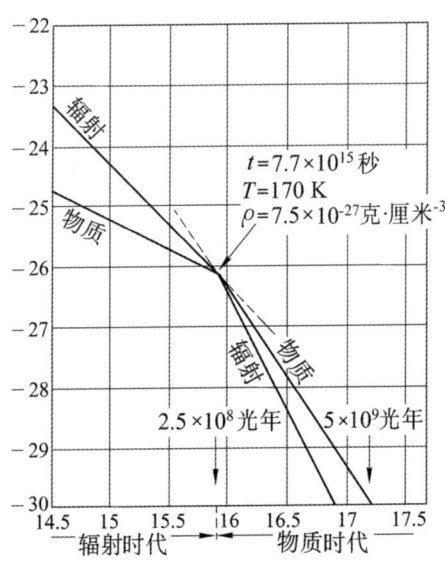

物质密度与辐射密度（纵坐标，单位为克·厘米$^{-3}$）随时间（横坐标，单位为秒）变化的形式；横坐标与纵坐标均取对数标度

$$\rho_{物质}(目前) = \frac{3.4 \times 10^{21}}{t^3} (克 \cdot 厘米^{-3}), \quad (9)$$

此处，数字系数的选择要使得对目前的时刻（15×10^{17} 秒）能给出目前的密度（10^{-30} 克·厘米$^{-3}$）。

现在，可以算出宇宙演化史中辐射时代与物质时代之间的分界线了：事实上，这一时刻就是曲线（6）和曲线（9）的交点。由 ρ 辐射(t_0) = ρ 物质(t_0) 解出 t_0，我们得到

$$t_0 = 8 \times 10^{15} 秒 = 2.5 \times 10^8。$$

对于这一转折点的温度和密度，相应的方程给出

$$T_0 = 170\,K,\ \rho_{0\,辐射} = \rho_{0\,物质} = 7.5 \times 10^{-27}。$$

在上图中，用对数标度表示了物质和辐射的密度随时间的变化。

我们很容易写出在辐射时代中物质密度变化的表达式，以及在物质时代中辐射密度的表达式。事实上，在膨胀的早期，所有线度（反比于温度）的变化必然都与时间的平方根成正比。因此物质密度的变化必然与时间的二分之三次方成反比。调整数字系数，使该曲线通过点 [t_0, ρ_0]，我们求得

$$\rho_{物质}(早期) = \frac{4 \times 10^{-3}}{t^{3/2}} (克 \cdot 厘米^{-3})。 \quad (10)$$

类似地，注意到目前辐射密度的变化必然与时间的四次方成反比（因为 ρ 正比于 T^4，T 正比于 l^{-1}，且 l 正比于 t），我们求得

$$\rho_{辐射}(早期) = \frac{3.1 \times 10^{37}}{t^4} (克 \cdot 厘米^{-3}) \quad (10')$$

至于目前的剩余辐射密度，我们得到 6×10^{-32}，大致相应于 6 K。因此我们可以得出结论，目前在宇宙中发现的余热可以与恒

星中核转化提供的热量相比较。

化学元素的形成和星系的起源

> 伽莫夫刚刚提出的大爆炸学说预言了氢和氦的丰度,但解释重元素的形成方面有缺陷。

上面的考虑为我们提供了表征我们这个宇宙演化史的物理条件如何变化的一般图景。这里,我们只是很简要地指出,这一信息可以怎样用来解释今天我们所知的这个宇宙的各种特征。首先,可以认为各种化学元素原子的相对丰度,至少部分地由在膨胀的很早阶段、以很高的速率发生的热核反应所决定,当时宇宙的温度高得异乎寻常。事实上,在这方面,本文作者[①]所作的计算以及后来由弗米和特克维奇[②]所作的更详细的计算得出了一个 H／He 的比值,它与观测资料符合得很好。但是,在了解较重元素的丰度方面,还有一些困难尚待克服,而且有可能在后来的演化阶段中,种种过程已部分地改变了原始分布。

> 大爆炸学说预言了辐射时代和物质时代的分界时间,预言了物质时代会形成星系和星系的尺度,包括直径和质量。

第二个有趣的问题涉及星系的形成。

[①] G.Gamow, *Nature* 162, 680［1948］.
[②] R.A.Alpher and R.C.Herman, "Theory of the Origin and Relative Abundance Distribution of Elements," *Rev. Mod. Phys.* 22, No.2, 153—212［1950］.

蟹状星云

蟹状星云是超新星爆发时抛出的气体膨胀而成的包层。蟹状星云的螺纹是由碳、氧、氮、铁、氖、硫、电离氦、氢组成的。由于在星云的细丝中存在着电离气体,所以会产生辉光(辉光是低压气体中的气体放电现象)

很自然地,我们认为,在演化的辐射时代物质粒子均匀地分布于整个空间,由周围更丰富的热量子气体承载着。然而,一旦物质密度变得高于辐射密度,金斯的引力不稳定性过程就起作用了,这使物质粒子的均匀气体分裂为一团团气体云。按照众所周知的金斯公式,这些引力聚团的直径 D 由下式给出:

$$D=\sqrt{\frac{5\pi T}{3Gm\rho}}, \qquad (11)$$

此处 m 是所讨论的粒子质量。将此式应用于通常的 H,He 混合物,且取相应于转化时期($t=t_0$)时的 T 值与 ρ 值,我们得到

$$D = 1\times10^{21} \text{厘米} = 40\,000 \text{光年}。$$

至于质量,我们有

$$M = 4\times10^{41} \text{克} = 2\times10^{8} \text{太阳质量}。$$

这些数值与星系尺度和质量的平均观测值相当吻合。

因此,如本文所述,深入考察膨胀宇宙中变化着的物理条件似乎可以使我们切实地了解宇宙的演化过程,并且可以指望这方面的进一步研究将有助于澄清宇宙过程的演化史。

选自《天文学名著选译》,宣焕灿选编,知识出版社,1989年。卞毓麟译。

永恒的边界

卡尔·萨根

| 导读 |

卡尔·萨根（Carl Sagan,1934年11月9日—1996年12月20日），先驱者号"地球名片"设计者，旅行者号"星际唱片"内容设计者，阿西莫夫推崇萨根为"历史上最成功的科学普及家"，1991年美国青少年评选卡尔为超越里根和布什的美国"十大聪明人"，美国科学形象大使，美国天文学会行星科学分会创立者。

卡尔·萨根一生中硕果累累，曾荣获NASA（美国国家航空航天局）颁发的特别科学成就奖，两次获得杰出公共服务奖和阿波罗成就奖。此外，他还获得美国太空航行委员会的约翰·F.肯尼迪太空航行奖、探索者俱乐部第75届年会奖、苏联航空联合会康斯坦丁·柴可夫斯基奖、美国天文协会马素斯基奖、美国国家科学院授予的最高奖公共福利奖。

萨根博士除获得NASA的承认和奖励外，还拥有美国大学和学院授予的22个荣誉学位。他是美国康奈尔大学行星研究中心主任、大卫·邓肯天文和太空科学研究会教授、加州理工学院喷气推进实验室出色的科学家。他同时还是世界性的太空研究组织、美国行星研究学会的会长及创始人之一。20世纪50年代起他就成为NASA的顾问，参与了探索金星"水手1号"项目的设计。70年代初期，萨根首次出现在《今夜秀》(The Tonight Show)节目中，将天文的奇观和理论以及关于生命的起源介绍给数百万观众。萨根还是搜寻地外生命的积极支持者。在冷战高峰时期，萨根建立气象模型说明全球核战可能导致地球生态失衡，提出"核冬天"假说。

卡尔·萨根博士不仅是一名杰出的、作出许多重要贡献的天文学家，更是一位功勋卓著的科普大师。他的优秀科普作品《伊甸园的飞龙》曾获美国普利策奖；20世纪80年代他主持拍摄的13集电视片《宇宙》，被译成10多种语言在60多个国家上映。此外，他还撰写了数十部品位很高的科普读物。

晴朗的夜空高挂着一条夺目的天路，那是发出耀眼光芒的银河。众神通过它走向伟大雷神和他堂皇的宫殿……这里是那些声名煊赫、威猛强大的天神的家园。我斗胆把此处称为伟大的天庭之路。

——奥维德,《变形记》(罗马，公元1世纪)

有些愚蠢的人认为是造物主创造了世界。这一理念愚不可及，不能采信。

如果上帝创造了世界，那么在创造世界之前他在哪里？……没有任何原材料的情况下上帝是怎么创造世界的呢？如果你说他先造出了这些原材料，然后再创造世界，那么你就会面对一个没完没了的循环往复……

应知世界并非人造，它同时间本身一样，无始无终。它是基于这些原理……

——那斯纳，《伟大的史书》（印度，公元9世纪）

大约100亿至200亿年前，有些事情发生了——大爆炸，那是宇宙开天辟地的大事件。为什么会有大爆炸是已知最神秘的问题。但确实发生了大爆炸这个事实有着清晰的依据。现在，宇宙中所有的物质和能量都以极高的密度集中在中央——有点像宇宙蛋，让人想起很多文化中都提及的创生神话——成为一个数学意义上的点，没有任何维度。这并不是说把现在宇宙中的所有物质和能量都压缩到宇宙的一个小小角落。实际上整个宇宙，物质和能量以及它们所充满的空间，在当时只占据很小的体积。没有太多空间让事件在其中发生。

在那次巨大的宇宙爆炸中，宇宙开始了从未停歇的膨胀。用一种从外部看到的膨胀球体来描述宇宙的这种膨胀很容易导致误解。依据定义，我们永远不可能知道的事情才是外部。因此，最

科学验证：
那些天空及世间的证明

江晓原
科学读本

> 宇宙的膨胀可以用面包圈和上面的葡萄干来比喻。当面包圈在烤箱里慢慢膨胀时，面包圈就是宇宙，而里面的葡萄干就是宇宙中的星系。

好还是从内部理解，也许可以想象成网格线——想象它们是附着在空间上运动的构造——向所有方向均匀膨胀。当空间被拉伸时，宇宙中的物质和能量也随之膨胀并且迅速降温。宇宙火球的辐射与现在一样充满宇宙，在光谱上从高频移到低频——从伽马射线到X射线再到紫外光，经过可见光波段的彩虹色段，进入红外和射电区域。火球的残迹，即宇宙背景辐射，从天空的各处发出，能够被今天的射电望远镜探测到。在早期宇宙中，空间被璀璨地照亮。随着时间流逝，空间构造继续膨胀，辐射温度继续降低，在通常的可见光波段，宇宙第一次变得黑暗，与今天一样。

早期宇宙充满了辐射和物质，物质主要是氢和氦，这两种元素由致密的原始火球中的基本粒子构成。如果当时有任何人在附近观察，那么宇宙可以说什么都看不到。然后，小块的气体——小体积的不均匀物质——开始变大。硕大薄纱般的卷须状气体云开始形成，这些动作迟缓的区域开始慢慢自转，稳定地变亮，每一团巨兽般的气体云最终都会包含千亿个闪亮的光点。宇宙中能辨认出的最大尺度的结构形成了。今天，我们仍能看到它们。我们就居住在其中的一个角落里，并将它们称为星系。

大爆炸之后大约10亿年，宇宙中的物质分布变得有点崎岖不平，可能是因为大爆炸本身不是完全均匀吧。物质更多地聚集在更致密的团块周围。它们的引力为它们吸引到附近的大量气体，这些越来越大的由氢气和氦气构成的云团注定要成为星系团。原初状态中非常微小的不均匀性，会在日后聚集足够致密的物质。

随着引力塌缩的继续，原初星系的自转也开始加速，这是因为角动量守恒。有些星系沿着自转轴方向把自己压扁，因为这个方向上离心力与引力不能达到平衡。它们成为第一代旋涡星系，在空旷的宇宙空间像巨大的物质风车一样旋转。其他引力更弱或者最初自转较慢、压缩很少的原星系则成为第一代椭圆星系。[①] 宇宙各处有着彼此相似的星系，好像从一个模子里刻出来的一样，那是因为自然界的简单定律——引力和角动量守恒——在宇宙各处都一样有效。在地球这个微观宇宙上让物体自由下落和冰上芭蕾舞演员旋转的物理原理，与让星系在宏观大宇宙中形成的物理原理是完全相同的。

在新生星系中，更小的云团也经历着引力塌缩过程。其内部的温度变得非常高，足以触发热核反应，于是第一代恒星开始发

---

① 这种旋涡星系和椭圆星系的成因与今天的主流观点不符。——译者注

光。高温大质量年轻恒星演化得非常迅速，它们恣意挥霍氢燃料，很快就以辉煌的超新星爆发结束自己的生命，把热核反应的灰烬——氦、碳、氧和更重的元素——反馈到星际气体中，为下一代恒星形成提供原料。早期大质量恒星的超新星爆发在附近气体中产生连续的彼此重叠的激波，压缩星际介质，进一步加速了星系团的形成。引力有机必乘，即使是很小的物质团块也被放大。超新星激波可能对任何尺度的物质吸积都有贡献。宇宙演化的史诗拉开了帷幕，从大爆炸开始的物质凝聚的层次结构得以实现——星系团、星系恒星、行星，最终是生命和能对生命起源过程有一星半点理解的智慧生命。

今天的宇宙中有大量的星系团。有些是微不足道的只有几十个成员星系的小个子。我们可爱的"本星系群"只包括两个大型星系，都是旋涡星系：银河系和M31。其他星系团则演化成庞然大物，成千上万个星系依靠共同的引力作用聚集在一起。有证据显示室女座星系团有几万个成员星系。

从最大的尺度上看，我们所居的宇宙由众多星系构成，也许有千亿个精致的宇宙构架和衰退的样本，有序和无序同样明显：正常旋涡星系与我们基于地球的视线方向成不同的角度[①]，棒旋星系则有一条气体尘埃之河，恒星由此穿过星系中心，连接两端的旋臂；宏伟的巨椭圆星系包含万亿颗成员恒星，它们变得如此之

[①] 正面朝向的旋涡星系我们看到的是旋臂结构，侧向的我们看到的是中心气体尘埃带，旋臂就在那里形成。

大是因为吞噬并合了其他星系；大量的矮椭球星系是星系世界的侏儒，每一个只有区区几百万颗成员恒星；数目众多的神秘的不规则星系，似乎暗示着在星系世界中有些地方的事情不幸出了差错；有的星系彼此绕转距离太近，边界都在对方的引力作用下弯曲变形，物质以某种气体尘埃流的形式被引力从星系中拉出，形成星系间的物质桥。

有的星系团其成员星系的排列呈清楚的几何球形；它们主要由椭圆星系构成，通常由一个巨椭圆星系主导，后者被认为是星系世界的食人族。其他星系团的几何排列远比这类星系团不规则得多，相对而言拥有更多旋涡星系和不规则星系成员。星系间的碰撞会让本来呈球形的星系团形状发生扭曲，也可能会让椭圆星系变成旋涡星系和不规则星系。[①] 星系的形成和数量给我们讲述了最大尺度上可能发生过的远古事件，这是刚刚开端的故事。

高速计算机的发展使得对集群运动的千万个质点的数学实验成为可能，每一个质点代表一颗恒星，都受到其他所有质点的引力影响。在某些情况下，旋臂可以完全依靠自己在一个已经成为扁平盘状的星系内部形成。有时两个发生密近引力相遇的星系也会产生一条旋臂，当然每个星系自身都拥有千亿颗恒星。弥散在这样星系中的气体和尘埃也会彼此相撞，温度升高。但当两个星系相撞时，恒星会如入无人之境般穿过彼此，就好像子弹穿过蜂

---

① 现在的星系形成理论并不这样认为。——译者注

群一样，因为星系主要是由虚无构成的，恒星间的深空广袤无比。然而相撞星系的外形会被严重扭曲。一个星系与另一个星系的迎头相撞会让成员恒星倾泻到星系际空间，整个星系都会瓦解。当小星系迎面撞入一个更大的星系时，能够产生稀有的不规则星系中最可爱的一种星系，即直径为几千光年的环星系，与星系际空间天鹅绒般的背景形成强烈对比。这是星系池塘中的一次飞溅，瓦解星系的恒星呈现暂时的结构样貌，一个星系的中央被扯碎了。

不规则星系结构不明晰的星团、旋涡星系的旋臂以及环星系的圆环，在宇宙动画中都只能占据几帧画面，然后就会消失，通常会被再塑形。我们把星系想象成笨重刚体的感觉其实完全错误。它们是有千亿颗恒星的流体结构。就好像是由 100 万亿个细胞组成的人体，通常会处于合成与分解的平衡状态，而不只是各部分的简单加和，星系也是如此。

星系的自杀率很高。我们附近就有很多例子，几千万至数亿光年的地方，有很多强大的 X 射线源、红外辐射源和射电辐射源，它们有极亮的核球，光度则在几周的时间尺度上发生波动。有些源拥有辐射喷流以及杂乱无章的尘埃盘面，喷流是长达几千光年的羽状物质。这些星系正在爆发它们自己。在巨椭圆星系 NGC6251 和 M87 的核球内，可能存在质量为千万亿倍太阳质量的巨大黑洞。在 M87 内部有某种质量极大、密度极高、体积又极小的物体正发出咕咕的声音，该物体所占的空间比太阳系还小。这样的物体只能是黑洞。距离几十亿光年处还有更加狂暴的天体，那就是类星体，它们可能是年轻星系发生的巨型爆炸，是自大爆炸以来宇宙历史中威力最大的事件。

"类星体"（quasar）一词是"类似恒星射电源"（quasi-stellar radio source）的缩写。在明确了不是所有类星体都是强射电源后，它们被称为 QSO's[①]。由于看起来与恒星图像十分类似，类星体很自然地被认为位于我们银河系内。但对它们的红移[②]进行的光谱观测显示，它们的距离似乎十分遥远。类星体似乎活跃地参与了宇宙的膨胀，其中一些远离我们的退行速度达到光速的 90%。如果它们的距离非常遥远，那么其本征光度就必须极亮才可能在如此遥远的距离处被我们看见，有些类星体的亮度与 1 000 个超新星同时爆发的亮度相当。正如天鹅座 X-1 一样，快速的光变显示类星体的巨大光亮被局限在非常小的体积内，比太阳系的体积还小。一定有些异常显著的机制造成类星体喷发出巨大能量。在提出的众多解释中有：（1）类星体是巨型的超新星，拥有一个快速自转的超大质量核球，与强烈的磁场有关；（2）类星体是由聚集在星系核球的几百万颗恒星碰撞产生的，剥离了外层并将内部大质量恒星的几十亿度高温完全暴露在视野中；（3）一个相关的想法是类星体是恒星高度密集的星系，一个超新星的爆发就会撕扯掉另一颗恒星的外层使其变为超新星，如此形成恒星超新星爆发的链式反应；（4）类星体由物质和反物质间猛烈的湮灭过程提供能量，

[①] 意为"类似恒星的天体"。

[②] 见下文。

反物质以某种方式至今仍留存在类星体中;(5)当气体尘埃和恒星落入某些星系核球中极致密的黑洞时,就会以类星体的形式释放大量能量,也许这种超大质量黑洞是由更小的黑洞经过多次碰撞并合形成的;(6)类星体是"白洞",即与黑洞相反的物体,好像漏斗一样,把最后出现在视界的物质都倾入宇宙其他部分的黑洞中,甚至其他的宇宙中。

当思考类星体时,我们面对的是深奥的谜团。无论类星体爆发的原因是什么,有一个事实是非常清楚的:这样猛烈的事件一定会产生数不尽的灾难。每一次类星体爆发,几百万个世界——有些拥有生命和能够理解正在发生事件的智慧——都可能会被彻底毁灭。对星系的研究让我们知晓了普适的秩序与美丽,也向我们展示了在迄今为止都想象不到的尺度上所发生的混沌暴力。我们所在的宇宙能允许生命出现,这是非常惊人的。同样在这个宇宙中,星系和恒星、行星世界的毁灭也是极端惹人注目的。宇宙似乎既不是和蔼可亲的也不是满怀敌意的,只是对生活在角落里如我们一样的微小生物毫不在意罢了。

甚至像银河系这样看起来非常中规中矩的星系,也有其波澜起伏、摇曳起舞的状态。射电观测显示两团硕大的氢气团正从银河系的核球垂直喷出,其质量足以产生几百万颗太阳,好像温和的爆炸时不时会在那里发生一样。地球轨道上进行的高能天文观测发现银河系核球是某一频率的伽马射线的强烈辐射源,与认为银河系中央隐藏了一个大质量黑洞的想法吻合。像银河系这样的星系，可能代表了星系演化连续进程中稳定的阶段。演化进程还包括猛烈青春期时的类星体和爆发星系状态，因为类星体都如此遥远，我们看到的都是它们的年轻时期，是它们几十亿年前的样貌。

银河系恒星的运动优雅规律。球状星团闯入银道面，然后从另一端出来，减速掉头再猛冲回来。如果我们能跟着在银道面疾驰的独立恒星运动。那么它们看起来会像翻滚的爆米花一样。我们从没见过一个星系明显改变形状，是因为星系形状的改变要花很长很长时间。银河系每 2.5 亿年会自转 1 周。如果我们能加速自转，就会看到银河系好似一具活动的、几乎是有机的实体，某些方面甚至好像一个多细胞有机体。星系的任何一张天文照片都只是其笨重的运动和演化过程中某个片段的快照。[①] 星系内部区域像固体一样自转，但外部区域的转动，是像围绕太阳的行星那样遵守开普勒第三定律的，越靠外侧的区域转动的速度越慢。在密度逐级增长的旋涡星系中，核球周围旋臂的缠绕程度也越来越紧，旋臂部分的气体尘埃密度也更高，接下来它们会在当地形成年轻高温的亮星，这些恒星勾勒出旋涡星系的旋臂。它们可以持续发光 1 000 万年左右，只相当于银河系自转一周时间的 5%。但是当勾勒出旋臂的恒星爆发死亡时，新的恒星以及成协的星云就会在它们后面形成，星系的旋涡样貌不会改变。旋臂上的恒星寿命不

---

① 这一点不是十分准确。一个星系的近端要比其远端距离我们近几万光年.因此我们看到的前端要比后端早几万年。但星系动力学典型事件的时间尺度为几千万年，所以可以将拍摄的星图当成某一瞬间的图像，其时间误差相对来说是很小的。

会长于星系的1周自转时间，只有旋臂图样会保留下来。

总的来说任何一颗围绕银河系中心运动的恒星的速度与旋臂上恒星的速度是不同的。太阳在旋臂上时进时出，速度通常为200千米每秒（差不多相当于50万英里的时速），是其绕银河中心运动的速度的20倍。平均而言，太阳及其行星会在旋臂中停留4 000万年，然后移出旋臂停留8 000万年，此后又进入旋臂停留4 000万年，以此类推。旋臂是最新形成的恒星所处的区域，但像太阳这样的中年恒星则不一定会处于旋臂中。目前，我们的位置位于两个旋臂之间。

太阳系周期性地出入旋臂，可能对我们有着重要的影响。大约1 000万年前，太阳从猎户旋臂古德带的复杂环境中移出，现在距离古德带不到1 000光年的距离。[①] 当太阳经过旋臂时，会比目前有更大可能进入气体星云和星际尘埃云，更有可能遇到亚恒星质量的天体。有人认为地球上每隔几亿年就会发生的主冰川纪，可能就与地球和太阳之间星际物质的多少有关。W. 内皮尔和 S. 克吕伯曾提出太阳系的一些卫星、小行星、彗星以及行星环本来都是在星际空间自由游荡的天体，直到太阳闯入猎户旋臂时才被太阳引力所捕获。这是个有趣的想法，虽然很可能是不正确的。但这个想法能够被检验。我们需要做的就是设法获得一块样品，如火卫一或者某颗彗星的样品，来检验它的镁同位素含量。镁同位素[②]的相对丰度依

---

① 猎户旋臂内侧是人马旋臂，外侧是英仙旋臂。
② 各种同位素的原子核拥有相同数目的质子，但包含的中子数目不同。

赖于恒星核合成时间的精确顺序，包括附近超新星爆发的时间，因为核合成会产生特定的镁元素。在银河系的不同地方会发生不同顺序的核合成事件，因此会产生不同比例的镁同位素。

大爆炸和星系退行的发现来自被称为多普勒效应的自然界常识。我们很熟悉物理声学中的多普勒效应。加速从我们身边经过的汽车司机会按喇叭，在车内，司机听到的是固定音高的鸣笛声；但在车外，我们听到的则是音高会变化的喇叭声。对我们来说，喇叭声会从高频变为低频。一辆时速200千米的赛车，速度几乎是声速的六分之一。声波在空气中连续传播，一个波峰接着一个波谷，然后是另一个波峰、另一个波谷。声波越接近，频率或音调越高；反之声波越远离，音调就越低。如果汽车远离我们，它就会拉伸声波，使之变为更低的音调，产生我们熟悉的典型声音。如果汽车加速朝我们驶来，声波就会被压缩，频率会升高，我们听到的就是高音的呼啸。如果我们知道汽车静止时正常喇叭的音高，就可以蒙住眼睛从音调的变化中推测出汽车的速度。

光也是一种波。与声波不同，光可以在真空中毫不受阻地穿行。多普勒效应同样适用于光波。如果由于某种原因汽车运行时不是鸣喇叭，而是发出一束纯黄色的光，那么当汽车接近时，光的频率会略微变高，而当汽车远离时，光的频率会略微变低。在正常速度时多普勒效应不会被觉察到。然而如果汽车的速度能够以某种方式达到可与光速相比时，我们就能观测到汽车接近时，发出灯光的颜色向高频也就是蓝端移动；当汽车远离时，光的颜

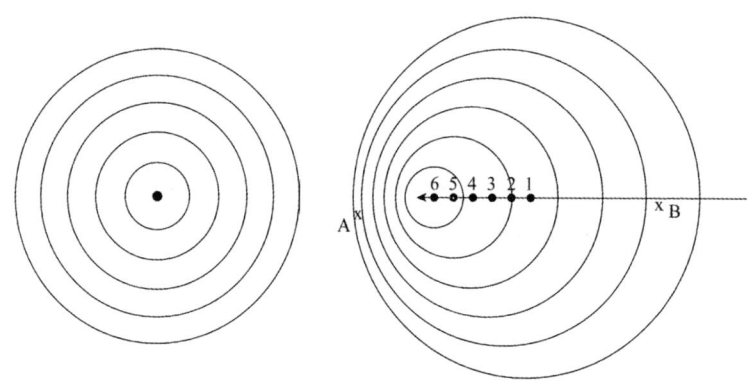

多普勒效应。静止的声源或光源会发出一系列球形波。如果声源或光源从右向左移动，那么它发出的球形波就会相继以 1 到 6 的位置点为中心，如图。但位于 B 的观测者看到辐射波被拉伸了，而位于 A 的观测者则看到辐射波被压缩了。远离的声源或光源发生红移（波长变长），接近的声源或光源发生蓝移（波长变短）。多普勒效应是宇宙学的关键

色会向低频也就是红端移动。一个以极高速度朝向我们而来的天体，看起来其光谱线会发生蓝移；高速退行远离我们的天体谱线则发生红移。在遥远星系的光谱中观测到的这种红移，红移的原因就是多普勒效应，它是宇宙学的关键所在。

20 世纪早期，世界上最大的望远镜建在威尔逊山上，仰视着当时还十分清澈的洛杉矶市的夜空，它注定要发现遥远星系的红移。大型望远镜必须建在山巅，需要有骡队才能完成建筑工作。一位名为米尔顿·赫马森（Milton Humason）的年轻赶骡人当时帮着把机械与光学设备、科学家、工程师和高官显贵运至山顶。赫

马森骑马走在骡队前领路,他的小猎犬就站在马鞍后,前爪搭在赫马森的肩头。他是个喜欢嚼烟草的码头工人、超级赌徒又一贫如洗,喜欢对女士献殷勤。之前所接受的全部教育从没有超过八年级课程。但他聪明又好奇心强,很自然地对他费力用骡车运上山顶的设备产生了兴趣。赫马森与天文台一位工程师的女儿交往,此人对自己女儿和一个没有雄心壮志的赶骡人往来十分反对。因此,赫马森在天文台谋了一份兼职——电工的助手,并兼任看门人和擦拭他帮忙建造的望远镜的地板。一天夜里,故事就这样开始了,望远镜的夜班助理生病了,赫马森被问是否可以顶替他值班。由于赫马森展示了对设备的熟悉和精心维护,很快他就成为正式的望远镜操作员和观测助手。

第一次世界大战后,很快就名闻天下的埃德温·哈勃来到威尔逊山,哈勃外表光鲜,其社交对象都是天文圈外的人士,以罗德奖学金获得者的身份在牛津待了一年后,就一直保持着英式口音。正是哈勃最终证明了旋涡星云实际上是"岛宇宙",它们是大量恒星的遥远聚合体,像我们的银河系一样。他还辨认出测量星系距离所需要的恒星标准烛光。哈勃和赫马森有着精彩的合作,虽然看起来他们好像不是一对能在望远镜上和谐工作的人。延续洛厄尔天文台天文学家 V.M. 斯里弗(V.M.Slipher)之前的工作,他们开始测量遥远星系的光谱。很快赫马森就被发现他测高质量光谱的能力比世界上任何一位专业天文学家都强。他成为威尔逊山天文台的全职工作人员,学习了很多有关工作的科学基础知识,离世时得到天文学界的极大尊重。

从星系发出的光是其内部几十亿颗恒星发光的总和。当光离开这些恒星时，特定频率或颜色的光会被恒星最外层的大气吸收。由此得到的光谱线能够让我们得知，距离百万光年之遥的恒星中所包含的化学元素，与我们的太阳和近邻恒星是相同的。赫马森和哈勃惊奇地发现，所有遥远星系的光谱都发生了红移，更令人惊讶的是，星系距离越远，光谱线的红移就越大。

红移最显而易见的解释就是多普勒效应：星系正在远离我们退行，距离越远的星系退行速度越快。但为什么所有的星系都在远离我们而去呢？是我们在宇宙中的位置特殊吗，好像银河系在星系社交生活中无意中做了什么冒犯他人的事一样？看起来更可能的原因是宇宙自身在膨胀，带着其内部的所有星系一块运动。事实逐渐变得清晰起来，赫马森和哈勃发现了大爆炸——如果不是宇宙的起源，那么至少也是宇宙最近一次成型。

几乎所有现代宇宙学——特别是宇宙膨胀和大爆炸的思想——都基于遥远星系的红移是多普勒效应，源自它们的退行速度。但自然界中还存在其他种类的红移。例如，引力红移，当光离开一个强引力场时，必须做功损失能量才能逃逸出去，在遥远的观测者看来，这个过程就是逃逸出去的光波长变长，颜色变红。因为我们相信在某些星系的中心有大质量黑洞存在，所以这是个解释星系红移的可能理由。然而观测到的特定光谱线通常都是很薄的弥漫气体所发出的典型谱线，而非物质密度高得惊人的黑洞附近所产生的。也许星系的红移确实可以用多普勒效应来解释，但不是由于宇宙的整体膨胀，而是因为更温和的、更局部的星系膨胀。但如果这样的话，我们应该观测到很多膨胀碎片，朝向我们的和远离我们的应该数目相当，也就是蓝移的数目和红移的数目应该相同。而实际上我们看到的几乎全部是红移，无论我们把望远镜朝向本星系群外哪个遥远天体，结果都一样。

不过某些天文学家总是持有吹毛求疵的怀疑态度，觉得从星系红移到多普勒效应到宇宙正在膨胀的推导可能不完全正确。天文学家霍尔顿·阿尔普（Halton Arp）发现了一对神秘的彼此相互作用的星系和类星体，或者称星系对，二者有明显的物理关系却有着完全不同的红移。有时还能看到气体尘埃和恒星构成的气桥连接在它们之间。如果红移是由于宇宙膨胀，那么不同的红移就意味着不同的距离。两个有物理联系的星系不大可能相距太远，有时竟相距10亿光年。怀疑论者认为星系间成协完全是统计学的原因。例如，一个附近的亮星系和一个更遥远的类星体，二者有完全不同的红移和不同的退行速度，只是碰巧在沿视线方向上排列成一条直线，而实际上它们并没有真正的物理联系。这样的统计上的排列必定时不时地发生。争论的论点集中在偶然巧合是否要比纯粹随机更容易出现。阿尔普提出其他星系对的例子，一个低红移星系的两侧有两个类星体，其红移值都很高且几乎完全相同。他认为两个类星体并不位于宇宙尺度的距离处，而是被"前场"星系向左右喷发出来的；红移是某种还没被深入理解的机制的结果。怀疑论者辩论了排列上的巧合和哈勃、赫马森对红移的解释。如果阿尔普是对的,那么就不需要提出有关遥远类星体能量来源的解释——超新星链式反应、超大质量黑洞等。类星体不必距离非常远,但就需要其他异常的机制来解释红移。哪一种情况都说明,在宇宙空间深处正上演着奇异的事件。

星系的视退行以及用多普勒效应来解释红移,并非大爆炸理论的唯一证据。独立但非常有说服力的证据来自宇宙黑体背景辐射,那是均匀地来自宇宙各个方向的微弱射电辐射,其强度与大爆炸辐射冷却下来后在我们时代的预期值完全吻合。但这里仍有些令人困惑的事。由靠近地球大气顶层的 U-2 飞机携带的灵敏射电天线得到的观测结果显示,背景辐射在所有方向的强度都几乎一样,好像大爆炸火球的膨胀十分均匀,宇宙的起源非常精确对称。但背景辐射经过更精准的测量,就能发现并不是完全对称的。如果整个银河系[①]都在朝着室女座星系团的方向以超过 100 万英里的时速[②]运动,一个小的系统效应将能被理解。保持这样的速度,我们在 100 亿年后就能到达室女座星系团,到时河外天文研究就会变得容易得多。室女座星系团是已知的最富星系团,充满了旋涡星系、椭圆星系和不规则星系,是夜空中的珠宝盒。但我们为什么会向它冲去呢?乔治·斯穆特(George Smoot)和他的同事完成了高空的观测,认为银河系是被引力拖曳拉扯才朝室女

---

① 很可能还包括本星系群的其他成员。
② 600 千米每秒。

座星系团中心运动的；星系团的成员星系数目比迄今已探测到的更多，更令人咋舌的是，星系团体积巨大，直径达到10亿或20亿光年。

可观测宇宙本身的直径只有几百亿光年，如果在室女座有如此巨大的超星系团，那么可能在更大距离处还有其他的超星系团，相应的它们也更难被探测到。在宇宙的一生中，显然初始的引力不均匀性还没有足够多的时间能够将室女座超星系团中那么多质量的物质聚集起来。因此斯穆特倾向于认为大爆炸要比他的其他观测结果显示的更不均匀，宇宙中物质的初始分布就是非常不均匀的多块状的。[①] 也许想象两次或更多次同时发生的大爆炸才能解决这个悖论。

如果膨胀宇宙和大爆炸的总体图景是正确的，我们就会遭遇更棘手的问题。大爆炸发生时的物理条件是怎样的？大爆炸之前发生了什么？是否是一个没有任何物质的极小宇宙突然间就从无到有了？这一切是如何发生的？很多文化都习惯于上帝从无中创造了宇宙的答案。但这个答案只是种妥协。如果我们希望能勇敢地追寻问题的答案，当然就必须接着问上帝从何而来。如果我们确认这是个无法回答的问题，那为什么不省略一步，认为宇宙的起源是个无法回答的问题？或者，如果我们说上帝一直都存在，为什么不干脆直接认为宇宙也是一直存在的？

---

① 一些小块度是符合预期的，而且实际上对于理解星系凝聚是必需的；但在这么大尺度上的物质密度起伏还是让人惊讶。

科学验证：
那些天空及世间的证明

江晓原
科学读本

每种文化都有关于创世的神话传说，创世通常都是由神祇的相交或者宇宙蛋的孵化而来。通常，宇宙都被很天真地想象为与人或动物相关。下面是5个从这样的神话中选取的片段，它们都来自太平洋盆地，复杂程度各自不同。

最初万事万物都处于永久的黑暗中：夜晚笼罩着一切，就像不可穿透的丛林。

——澳大利亚中部阿兰达人创世神话

一切都悬而未决，风平浪静，沉默寂寥；一切都不动保持静止；辽阔的天空中空无一物。

——《波波尔·乌》，基切玛雅人的圣书

纳·阿雷安坐在空中，像飘浮在虚无中的一朵云。他不睡觉，因为不知睡眠为何物；他不饥饿，因为不知饥饿为何物。他不眠不休地坐了很久，直到一个想法跃入他的头脑。他对自己说："我要做件事。"

——吉尔伯特群岛迈亚纳岛的神话

天地混沌如鸡子，盘古生其中。万八千岁，天地开辟，阳清为天，阴浊为地。盘古在其中，一日九变，神于天，圣于地。

——中国的盘古开天神话（大约公元3世纪）

道始于虚霩，虚霩生宇宙，宇宙生气。气有涯垠，清阳者薄靡而为天，重浊者凝滞而为地。清妙之合专易，重浊之凝竭难，故天先成而地后定。天地之袭精为阴阳，阴阳之专精为四时，四时之散精为万物。

——中国《淮南子》（大约公元前 1 世纪）

这些神话是人类的大胆想象。它们与我们的大爆炸现代科学神话之间的主要差别，是科学自问自答，我们可以做实验和对目标进行观测来检验自己的想法。但其他有关创世的故事值得我们致以深深的敬意。

每一种人类文化都为自然界是循环的感到欣喜。但除非有神祇祝愿，这些循环是怎样运作的呢？而且如果人类的纪年可以循环，那神界的万古永世是否也有循环？印度教是世界上唯一信仰宇宙自身也会经历无尽的死亡与再生的宗教。印度教也是唯一的一种宗教，其宇宙时间尺度与现代科学论的宇宙学时间尺度相一致，这毫无疑问属于巧合。它的循环从我们日常的昼夜到梵天的昼夜，梵天的 1 个昼夜是 86.4 亿年，要比地球或者太阳的寿命更长，大约是自大爆炸至今时间的一半。此外还有更长的时间尺度。

有一种深刻又动人的说法——宇宙只是大神的一场梦，在 100 梵天年后，他发现自己消失在一场无梦的睡眠中，宇宙也随他一同消散。直到又一个梵天世纪后，他才惊醒，镇静下来，又一次开始做那个伟大的宇宙之梦。与此同时，在其他地方还有无数的宇宙，每一个都有自己的大神在做着宇宙之梦。这些伟大的思想被另一个可能更加伟大的想法缓和。据说人类可能并不是神祇的梦，相反神祇是人类的梦境。

科学验证：
那些天空及世间的证明

江晓原
科学读本

印度有很多神祇，每个神祇又都有很多化身。建造于公元11世纪朱罗时代的青铜像，就包括湿婆神的数个不同化身。这些化身中最尊贵的是代表每一次宇宙循环起始时宇宙创生的那个，表现湿婆神的宇宙之舞。以此化身出现的神祇名为那吒罗阇，即舞王。他有4只手，右上方的手里拿着鼓，鼓声就是创世之声。左上方的手里拿的是火焰之舌，提醒世人新生的宇宙在几十亿年后终将毁灭。

我喜欢想象这些意义深远又动人的形象，它们是现代天文理念的先驱。① 非常类似的，宇宙自大爆炸起就一直在膨胀，但它绝不代表宇宙的膨胀将永远持续下去。膨胀可能会逐渐变慢、停止，然后逆转。如果宇宙中的物质总量少于特定的临界值，那么退行星系的引力将不足以阻止膨胀，宇宙就会永远失控。但是如果宇宙中有比我们所见更多的物质，如藏在黑洞中的物质或者星系间的高温但不可见气体，那么宇宙就会被引力束缚住，参与一场非常印度式的循环演替，膨胀后面是收缩，一个宇宙接着另一个宇宙，没有尽头。如果我们生活在这样振荡的宇宙中，那么大爆炸就不是宇宙的开端，而只是前一个循环的终结，是宇宙前一个化身的毁灭。

---

① 玛雅铭文的时间记录既揭示过去又涉及遥远的未来。一个记录记载的是100多万年前的事，而另一个则涉及4亿年前的事件，尽管这些记录在玛雅研究学者中仍存争议。或许记载的事件是虚构的，但时间尺度是惊人的。在欧洲人愿意放弃《圣经》中认为宇宙只有几千年历史的观点前1000年，玛雅人已经在思考百万年间的事，而印度人想的则是数十亿年的时间尺度。

哪一种现代宇宙学说我们都不会喜欢。其一认为宇宙是在大约 100 亿到 200 亿年前被创造出来的，会永远膨胀下去，星系都一起退行，直到最后一个消失在我们的宇宙地平线之外。然后星系天文学家就失业了，恒星变冷相继死亡，物质本身也会衰变，宇宙变成基本粒子构成的低温薄雾。其二则认为宇宙是振荡的，既没有开始也没有终点，我们正处于宇宙无尽的死亡与再生之间，没有任何信息能够穿透振荡宇宙的尖点。前一个宇宙化身中演化的任何物质、星系、恒星、行星、生命以及文明，都不能越过上一次大爆炸而让我们现在这个宇宙得知。两种宇宙的命运似乎都很黯淡让人沮丧，但我们可以从相关的时间尺度中得到慰藉。这些时间尺度是上百亿年或者更久。人类以及我们的后代子孙，无论他们可能是谁，应该能在宇宙死亡前的上百亿年时间里取得惊人的成就。

如果宇宙果真是在振荡的，那么就会有更奇怪的问题。有些科学家认为当宇宙膨胀结束后开始收缩，当所有遥远星系的光谱都变为蓝移，因果关系就会反转，后果会先于原因。首先看到水面上从某一点向四周荡开的涟漪，然后我才把石块扔入池塘。火炬会在我点火前就发出明亮的火焰。我们不能装作可以理解这些因果反转的意义。难道此时人们要从坟墓里出生、在子宫中死亡吗？难道时间要倒流？这些问题到底有什么意义？

科学家对于振荡宇宙中的尖点会发生什么事件十分好奇，所谓尖点就是宇宙从收缩到膨胀的过渡阶段。有些人认为自然界会随机重新洗牌，在这个宇宙中起作用的物理和化学定律只代表了

科学验证：　　　　　　　　　　　　　　　　江晓原
那些天空及世间的证明　　　　　　　　　　科学读本

无限多种可能的自然定律中的一种。很容易看出，只有非常严格范围内的定律才与星系、恒星、行星、生命和智慧生命相一致。如果自然界的定律会在尖点处不可预知地重新分类，那么宇宙老虎机再一次创生出与我们一致的宇宙，实在是极端不寻常的巧合。①

我们到底是生活在一个永远膨胀的宇宙中，还是生活在一个无限循环的宇宙中？有办法来区分二者：通过对宇宙中的物质总量精确测量，或者通过观测宇宙的边际。

射电望远镜能够探测到非常遥远、非常暗弱的天体。当我们看向宇宙深处时，我们正回溯时间。最近的类星体也许距离5亿光年。最远的则可能要100亿或120亿光年，甚至更远。如果我们观测一个距离为120亿光年的天体，那么我们看到的是它在120亿年前的样子。在观测宇宙遥远深处时，我们也在回看古老的过去，回到宇宙的地平线，回到大爆炸时代。

甚大望远镜阵（VLA）是位于美国新墨西哥州偏远地区的由

---

① 自然定律不能在尖点处被随机重新洗牌。如果宇宙已经经历过很多次振荡，很多可能的引力定律就会不起作用，对任何给定的初始膨胀来说，宇宙都不可能聚合一处。一旦宇宙遇到这样一种引力定律，它就会分崩离析，未来也不会有机会经历另一次振荡和另一个尖点，更不会有另一组自然定律。因此我们可以从事实推论宇宙要么存在了有限的时间，要么每一次振荡中允许的自然规律有非常苛刻的要求。如果物理定律没有在尖点处随机重新洗牌，那么就一定存在规律的一组法则，决定哪些定律是被允许的，哪些则不可行。这样一组法则将包含超越已有物理学的新的物理标准。我们的语言是贫乏的，似乎没有一个合适的名字来称呼这样的新物理学。"心灵物理学"和"玄学"都已经被其他非常不同、很可能毫不相干的内容占了先。也许"反式物理学"是个可行的办法。

27架射电望远镜组成的阵列。它是个可变形的望远镜阵列，每个单独的望远镜都通过电路连接，整个阵列好像一个与其最小的元件一般大小的望远镜，又像一台直径几十千米的射电望远镜。甚大望远镜阵在射电波段的光谱分辨能力，或者说能够区分的精细细节，与最大的地面望远镜在光学波段光谱的分辨力相当。

有时这样的射电望远镜会与地球另一端的望远镜相连，组成基线长度与地球直径相当的望远镜，某种意义上来说，此时这个望远镜就与整个行星一样大。未来我们可能会拥有在地球轨道上运行的望远镜，能够绕到太阳的另一端，相当于拥有直径与整个内太阳系相当的射电望远镜。这样的望远镜有可能揭示类星体的内部结构和本质。也许能发现类星体标准烛光，能够用与类星体红移无关的办法确定它们的距离。通过理解最遥远类星体的结构和红移，我们有可能看到宇宙在几十亿年前是否膨胀得更快，宇宙膨胀是否在减速，是否终有一日宇宙会塌缩。

现代射电望远镜精致而灵敏，遥远的类星体太暗弱，能够探测到的它发出的辐射总量只有千万亿分之一瓦特。地球上所有射电望远镜接收到的全部太阳系外的辐射总量比一片薄薄的雪花落到地面所产生的能量还少。在探测宇宙背景辐射、计数类星体、搜寻空间智慧生命的信号方面，射电天文学家处理的能量总量几乎为零。

有些物质，特别是恒星中的物质，在可见光波段发出光亮，非常容易看到。其他物质，如位于星系外围的气体和尘埃，则很不容

科学验证：
那些天空及世间的证明

江晓原
科学读本

易被探测到。它们不会发出可见光，虽然似乎能在射电波段发出辐射。我们要使用外来的仪器和与我们的眼睛敏感的可见光不同的频率来解开宇宙之谜，是有必须如此的原因的。地球轨道上的天文台发现星系间有强烈的 X 射线辉光。最初人们认为辉光是星系际的高温氢气所发出的，此前从未见过这样致密的气体，物质多得足以让宇宙闭合，足以让我们陷入一个振荡的宇宙。但最近里卡多·贾科尼（Ricardo Giacconi）的观测将这些 X 射线辉光解析为独立的点源，也许是一大群遥远的类星体。它们也为宇宙贡献了此前未知的物质质量。当宇宙的资源清单统计完成时，所有星系、类星体、黑洞、星系际氢气、引力波以及更奇特的宇宙居民的物质都被加起来，我们就会知道所居住的宇宙到底是哪一种宇宙。

在讨论宇宙大尺度结构时，天文学家喜欢说空间是弯曲的，或者宇宙是没有中心的，或者宇宙是有限但无界的。他们究竟在说什么？让我们想象自己居住在一个奇怪的国度，每个人都是完美的扁平状。按照一位维多利亚时期住在英格兰的研究莎士比亚的学者埃德温·艾伯特的叫法，我们也把这个国度称为平面国。我们中有些人是正方形，有些人是三角形，有些人则有着更复杂的形状。我们穿梭进出平面建筑，忙于平面事务。每一个平面国的居民都有宽度和长度，但没有高度。我们知道左右和前后，但对上下则没有一丝半点的理解，除了平面数学家。他们说："听着，这个其实非常简单。想象左右，想象前后，好啦，到此一切都没问题吧？现在想象另一个维度，在直角上有另外两个直角。"我们说:"你到底在讲什么?'在直角上有另外两个直角'!只有两个维度。把第三个维度指出来。它在哪儿?"于是这位数学家沮丧地走了。没人听数学家的话。

每一个平面国的方块居民眼中看到的另一个方块居民只是一条短线段,是最靠近他的方块的一条边。他要想看到方块的另外一边,就必须走一小段路。但方块"内部"则永远是个谜,除非发生了可怕的意外或者对其解剖时打破方块的边,才能暴露出里面的部分。

一天一个三维生物,如外形像一只苹果,来到平面国,在上空盘旋,看到魅力非凡又意气相投的方块先生进入他的平面房子,这个苹果形生物决定本着不同维度间的好意和礼貌去跟方块先生打个招呼:"你好吗?"来自第三维的访客说道,"我从第三维空间来。"这个可怜的方块居民在他闭合的房子里看了一圈,没看到任何人。更糟的是,对他来说这声从上面而来的问候好像是从他自己平面的身体内部传出的。他可能因此坚定地认为,精神错乱正是他们家族的遗传。

看到自己被方块先生当作自身的精神失常,被激怒的苹果决定降落在平面国中。现在一个三维生物出现在平面国中,但只是部分的,只有一个截面能被看到,就是那些与平面国的扁平表面接触的点。一个滑行穿过平面国的苹果,最初看起来只是个点,然后渐渐这个点变得越来越大,差不多是个圆形的切片。方块先生看到的是在他的二维世界中封闭的房间里,一个点慢慢长大为

科学验证：
那些天空及世间的证明

江晓原
科学读本

一个圆。一种奇怪的能变化形状的生物就这样凭空出现了。

　　被平面国的愚笨行为惹恼的苹果撞了一下方块先生，把他扔到空中飘飘荡荡旋转着进入神秘的第三维。一开始这位方块先生完全搞不懂到底发生了什么，这一切都超出了他的经验。但最终他意识到自己正在从一个特别的角度看着平面国：上面。他能够看到封闭的屋子内部，能够看到他的平面国伙伴的内部。在这个角度看他的平面宇宙，既独一无二又触目惊心。穿越另一个维度的旅行有个附带的好处，就是使方块先生有了一次 X 射线视觉。最后，我们的方块先生像一片落叶一样缓缓地降落到平面国的表面。在他的平面国朋友看来，方块先生不可思议地从一间封闭的屋子里消失了，然后又令人费解地凭空出现。"老天啊，"他们说，"你到底是怎么回事？""我想，"他这样回答，"我刚刚去了'上面'。"他们轻拍着他的四条边安慰着他。他的家族里总有人出现幻觉。

　　在这种对不同维度的设想中，我们不必局限于二维空间。跟随艾伯特，我们也可以想象一维世界，那里每个人都是条线段，或者想象神奇的零维生物，它们都是点。但更有趣的情况应该是对更高维的思考。可能存在第四个物理维度吗？[①]

　　我们可以按下面的方法产生一个立方体：取一段一定长度的

---

① 如果存在四维生物，那么在我们的三维世界中它也会任性地出现或者消失，令人惊异地变化形状，把我们从密闭的房间扯出，又在另一个地方凭空出现。它还能把我们由里向外翻转。有几种我们可能被从里往外翻转的方式，最令人不悦的结果是我们的内脏和内部器官都被裸露在外，整个宇宙——发光的星系际气体、星系、行星，所有的一切——都在内部。我不确定自己会喜欢这个主意。

线段，沿它的直角方向移动与线段等长的距离，这样就得到一个正方形。然后沿正方形直角方向移动等长距离，就得到一个立方体。我们明白这个立方体可以投下阴影，通常我们会画出两个顶点相连的正方形来表示阴影。如果我们在二维的角度观察立方体的阴影，会注意到不是所有的线段看起来都长度相同，每个角也并非都是直角。这个三维物体在二维空间的变形并没有完美地体现出来。这就是在几何投影中损失一个维度的代价。现在让我们带着三维的立方体，沿它的直角方向进入第四维空间：不是左右，不是前后，不是上下，而是同时在所有方向都是直角。我不能为你显示这是哪个方向，但我能想象它的存在。在这种情况下，我们就创造了一个四维的超立方体，也称四次元立方体。我不能给你演示一个超立方体，因为我们受困于三维空间，但我能给你演示超立方体在三维空间所投下的阴影。它看起来是两个嵌套的立方体，所有的顶点都由线段连接。但对于一个真正的四维超立方体来说，所有的线段都是等长的，所有的夹角都是直角。

想象一个跟平面国相似的宇宙，只是它的居民不知道其二维宇宙在第三个物理维度是卷曲的。当这个平面宇宙的居民进行短途旅行时，他们的宇宙看起来很平。但如果其中一个人沿着一条看起来完美的直线走了足够长一段，他就会发现一个大秘密：虽然他没有到达任何界线，也没有掉头，但他又回到了出发之地。他的二维世界必定是通过第三维翘曲的、被弄弯的。他不能想象那第三维，但他能推论出它的存在。将这个故事中的所有维度都

科学验证：
那些天空及世间的证明

江晓原
科学读本

增加一维，你就会得到适合我们自己的版本。

　　宇宙的中心在哪里？宇宙有边界吗？边界之外又是什么？一个在第三维卷曲的二维世界里，是没有中心的，至少在球体表面没有中心。这样一个宇宙的中心并不在宇宙之内，中心位于第三维中，在球体里面，是不可到达的。同时球面的面积是有限的，这个世界却没有边界——它是有限但无界的。而关于边界之外有什么的问题则是没有意义的。平面生物不可能靠自己的力量从二维中逃离。

　　把上述情景的维度增加一维，你就得到有可能适用于我们的境况：宇宙是个四维超球，没有中心没有边界，也没有宇宙之外的事物。为什么所有星系看起来都远离我们而去？是因为超球体从一个点开始膨胀，像四维气球暴胀一样，每个瞬间都在宇宙中创生出更多空间。在爆炸开始后的一段时间，星系收缩形成，并被宇宙带着一同在超球体的表面向外运动。每个星系中都有天文学家，他们所见到的光也被束缚在弯曲的超球体表面。随着球体膨胀，任何一个星系中的天文学家都会认为其他星系在远离自己。不存在任何特殊参考系[①]。星系距离越远，退行速度越快。星系被嵌套附着在空间，而空间结构正在膨胀。至于这样的问题：大爆炸发生在现在宇宙中的哪里？答案显而易见：到处都是。

　　如果没有足够多的物质阻止宇宙永远膨胀下去，那么宇宙必

[①] 无论在哪里看，宇宙都大体一样。这样的观点就我们所知，最早是由乔达诺·布鲁诺提出的。

然会有个开放的形状,形似弯曲的马鞍,其表面在我们的三维世界延伸到无限远。如果物质足够多,宇宙的形状就是闭合的,卷曲类似我们三维世界中的球体。如果宇宙是闭合的,那么光线就被困在其中。20世纪20年代,在与M31相反的方向观测者发现了一个遥远的旋涡星系对。他们想知道有没有可能正在观测的目标就是另一个方向上看到的银河系和M31,像用环绕宇宙的光看到自己的后脑勺。现在我们知道宇宙要比那时想的大得多。光线在宇宙中绕行一周所需的时间要比宇宙存在的时间还长,而星系要比宇宙年轻。但如果宇宙是闭合的,光不可能从中逃离,那么把宇宙描述为一个黑洞则是完全正确的。如果你想知道黑洞里面是什么样的,看看自己周围就够了。

之前我们提到虫洞的可能性,即能够从宇宙的一个地方到达另一个地方,而不必跨越其间漫长的距离,那就是穿过黑洞。我们能想象这些虫洞是穿过第四个物理维度的管道。我们并不知晓这样的虫洞的存在。但如果它们确实存在,为什么它们必须总是与我们宇宙中的另一个地方相连呢?有没有可能虫洞连接的是另一个宇宙,连接的是我们用其他办法永远不可能到达的地方?因为我们都知道,很可能存在很多其他的宇宙。也许某种程度上,它们也彼此嵌套着。

有一种想法——它新奇,萦绕心头,发人深省——是科学或宗教中最精致的猜测之一。它完全无法说明,也许永远也无法证明。但它总是让人血液沸腾。据说,宇宙有着无限的等级结构,

科学验证： 江晓原
那些天空及世间的证明 科学读本

因此在我们的世界里，一个基本粒子，如电子，如果能被彻底洞察，会发现它自身就是一个完整的闭合宇宙。在其内部有着无数更小的基本粒子，构成相当于星系的结构和其他更小的结构，基本粒子自身又是完整的下一级宇宙，以此类推以至无穷——没有尽头的逐级回归，宇宙中的宇宙。向上的层级情况也是如此。我们熟悉的由星系和恒星、行星和人类构成的宇宙，只是更大一级宇宙的一个基本粒子，是另一种无限回归的第一步。

这是我所知道的唯一一种在无穷的数目上超过了印度宇宙学所描述的、没有穷尽的古老循环宇宙的思想。那些其他宇宙会是什么样？它们是构建在不同物理定律基础上的吗？它们也有恒星和星系、行星吗，或者所有的是完全不同的东西？它们能与一些和我们完全不同的无法想象的生命共存吗？为了进入那些宇宙，我们必须想办法穿透第四个物理维度，当然这并非易事，但也许黑洞能为我们提供办法。在太阳附近的空间也许存在小型黑洞。在无尽的边界做好准备，我们将跳出去……

选自《宇宙》[美]卡尔·萨根著，陈冬妮译，
广西科学技术出版社，2017年8月，有删改。

火星故事：在幻想与现实之间

江晓原

火星的名称与神话

在西方，不管是苏美尔还是希腊、罗马，火星都代表战神，有三个名字：Nergal，Ares，Mars，我们比较熟悉第三个，现在英语中就是用 Mars 代表火星，这是罗马人命名的。奇怪的是这些名称来自不同的民族和文化，在古代早期这些文化之间也许没有什么交流，但是大家不约而同都把火星看成战神。古代中国人虽然没有把这些行星看作神，但是我们让它们管理一些事情或者象征一些事情，而火星在星占学上象征的事情恰恰也与战争有关。这种巧合是奇怪的，实际上在天文学上有很多奇怪的事情，有些知识的来历有很大的遐想空间，关于火星名称和神话的来历也有这样的遐想空间。

火星运河的故事

如果对天文学史有所了解,应该都听说过威廉·赫歇尔。他最早在1784年提出了"火星运河"的概念。

从17世纪初伽利略开始用望远镜观天之后,天文学家就发现,通过望远镜往天上看,可以看出很多新的东西来。从那以后,人们就开始不停地造望远镜。望远镜从1609年伽利略报告用它观天,到1784年已经过了170多年,望远镜已经被造得很大了。越来越多、越来越大的望远镜不停地对着天空看,人们才发现,在望远镜里行星和恒星有区别。人们用肉眼就可以看见月亮,它是一个圆盘。但是所有的行星和恒星,在人们用肉眼看的时候,它们都不是一个圆面,而是一个光点。但是,当你用望远镜再往上看的时候,可以看到行星是一个圆面,而远处的恒星仍旧是一个光点。所以,火星、金星这样的行星在望远镜里开始呈现出圆面。

人们用望远镜去看一个天体的时候,会把所看到的景象画下来,说明他们看到的那个天体上有什么东西。从伽利略看月亮的时候开始,人们就这样做了。所以,赫歇尔也开始画所观察的火星圆面上的图,他说看到了火星上像是运河的东西。

这个提法在当时是非常令人兴奋的,因为当时对于火星上有些什么东西的想象空间比今天要大得多,这些想象空间后来被科学的发展压缩掉了——这一点我后面会讲到。当然,赫歇尔有一个结论在今天看来还是对的,即火星是太阳系中和地球最相似的行星。当然，这里"相似"也只能从不太严格的意义上来理解。

关于"火星运河"的故事中，一个非常重要的人物是意大利天文学家夏帕雷利。当时，很多人都在用望远镜观测火星，夏帕雷利不久就宣称自己在火星上看到了运河。夏帕雷利当时用了一个意大利文canali，这个词既可以理解为"运河"，也可以理解为作为自然地貌的"河流"。等到他观测的这个东西被翻译到英语中时，就用了canal这个词。现在天文学史家已经搞不清楚是谁最先用的，但是这个词一用，它的意思就变了，因为这个词的意思是"人工开凿的运河"。

有很多科学概念在传播时的用词是非常重要的。本来科学家应该对选择的词语深思熟虑，同时还应该考虑到这个词语一旦被广泛使用之后会唤起什么样的联想。但是，通常科学家不会在这种事情上花工夫，他们往往当时随口就用了一个词。今天很多科学上用的词语都有类似的故事，某个词语最初是随便用的，用的时候也没有深思熟虑，等到用了好多年，人们发现这个词语会带来一系列问题，但这时候问题已经形成了。

所以，从夏帕雷利的意大利文到英语的转译过程中，这个自然地貌的"河流"选项就自动被排除了，现在它就是"运河"了。等到后来大家再谈论这个事情的时候，人们就想当然地认为它是"运河"了。而当你在用"运河"这个词语的时候，就想当然地认为这是人工开凿出来的，自然界本来形成的河流不会被称为运河。例如，我们不会把长江、黄河叫作运河，只会把大运河叫作运河，这样说的时候我们当然假定它是人工挖掘的。所以，当时大家在谈论"火星运河"的时候，当然意味着火星上有高等智慧生物，他们挖了运河。

两个著名"民科"借火星修成正果

在火星观测史上，有两个人有重要地位，这两个人在大洋两岸。

一个是弗拉马利翁，他是法国天文学家，今天法国有一座天文台就是以弗拉马利翁的名字命名的。我们还可以在书店里买到弗拉马利翁的三卷本《大众天文学》，这部书让他名垂青史。

弗拉马利翁是什么人呢？他本来不是职业天文学家，而是一位民间科学爱好者。弗拉马利翁家里很有钱，当时建造望远镜的热潮已经持续了两个世纪，有钱的人就在家里建造一个天文台，弗拉马利翁也是有钱人，他也在家里建造了一个天文台，并且自任台长。1882年，弗拉马利翁开始在自建的天文台上观天。

弗拉马利翁极有活力，社会活动能力很强，不久就创建了法国天文学会，并且自任会长。一个学会需要有自己的出版物，接下来弗拉马利翁就创办了天文杂志，当然他又自任主编。这一切都是弗拉马利翁花钱创办的，那个时候就是这样，这就是我说的科学的纯真年代。他没有用纳税人的钱，没有用国家的钱。当然，你也可以说他是"土豪"，钱多烧得，但是用在这样的用途上，总还不错吧？

弗拉马利翁最大的兴致是观测火星，他说在火星上看到了60多条运河，20多条双运河。什么是双运河呢？就是两条并行的河流，当时双运河的概念更增添了"火星运河"是人工开凿的色彩。自然界怎么可能形成两条并行的河流呢？

弗拉马利翁写了一本《火星和它适宜居住的环境》，这本书很畅销，当时凡是谈论这种话题的书都容易畅销。那个时代是19世纪末期，当时公众对科学的兴趣非常浓厚，从现在看到的一些情况来推测，应该比现在要浓厚。尽管今天科学对我们生活的介入比那个时候更多，但实际上公众对科学的兴趣已经没有那时候那么浓厚了。

弗拉马利翁观测火星是在法国。当时，另一个"土豪"在哪里呢？在北美。美国当时出现了很多产业大亨，他们非常有钱。美国人的钱已经让欧洲贵族们心里很不舒服了，因为他们觉得那是没文化的"土包子"钱多烧得慌。果然，在北美也有一个烧钱准备进行天文观测的人，他叫洛韦尔。

洛韦尔家族非常有钱。因为当时美国的经济刚刚爆发，很多"土豪"什么东西都要学习欧洲，要跟着欧洲的潮流。所以，洛韦尔看弗拉马利翁进行天文观测，就想我也可以建天文台啊。于是，他就在亚利桑那州旗杆镇建了一个私人天文台，去买最贵的望远镜装备起来。他也自任台长。然后，每天晚上自己用望远镜进行观测，洛韦尔一下子就超过了弗拉马利翁，他宣称看到了500多条运河，这个数量比弗拉马利翁多很多倍。洛韦尔也开始写畅销

正在用望远镜进行观测的洛韦尔

书，做法和弗拉马利翁一样。他一共写了三本畅销书，其中最畅销的是《火星》，后来又写了《作为生命居所的火星》，跟弗拉马利翁那本书差不多，名字也接近。

弗拉马利翁和洛韦尔这么做的时候，正统的天文学界在做什么呢？正统的天文学家对弗拉马利翁和洛韦尔都是看不上的，觉得这就属于"民科"，民间科学爱好者，业余的。不就是有钱嘛，拿着钱在那里乱烧。但是，这两个人组建天文台确实又是按照天文台的规矩做的，他们的天文台也出版观测资料，这些观测资料还与世界各地的天文台观测资料进行交换。例如，他们会发表观测到的火星，也会画出来最新的运河是哪一条，完全按照天文的规范在做。

很奇怪，今天再看天文学史，包括那些最正统的天文学史，都不得不承认弗拉马利翁和洛韦尔给它们留下一笔丰富的史料，给了它们应有的地位。弗拉马利翁和洛韦尔当时虽然狂热，但确实做了大量观测。

后来，洛韦尔还有一件事情让他也有了一些名气。太阳系的行星，除了古人早就知道的五大行星，后来的天王星、海王星、冥王星都是通过推测去观测到的，即不是偶然看到的，而是根据天体力学推测出来。根据摄动，推测在这颗星外面还有一颗星，然后有目的、有方向地进行搜寻。洛韦尔也加入了这种推测——业余天文学家也懂天文学，洛韦尔自学天文学，也预言了冥王星的存在，后来证明这个预言是对的。所以，正统天文学家也承认洛韦尔在天文学推测方面做了一些工作。

今天，天文学史给了弗拉马利翁和洛韦尔应有的地位，他们也算是修成正果了。当然，弗拉马利翁和洛韦尔都是无所谓的，因为不管正统天文学家如何看待他们的天文学研究，都不影响他们的书很畅销。而天文学家又写不出像他们那么畅销的书来，弗拉马利翁的书一直畅销到今天，他的《大众天文学》在世界上被译成多种语言，中文版也被大家公认为经典著作。在这些事情上，狂热的民间科学爱好者的能量明显地超过了正统天文学家。

和火星文明通信

经过弗拉马利翁和洛韦尔的观测，特别是那数百条"火星运河"，按照地球人的知识，那一定是高等智慧生物为了灌溉、运输而开凿的，所以火星上有高等智慧生物的想法已经变得深入人心。这时，另外一些科学家也介入进来了，以至于在19世纪末，科学研究最前沿的课题之一就是如何和火星上的高等智慧生物通信，试图和他们建立联系。

这里，将要提到科学史上的四位名人：高斯、马可尼、高尔顿、特斯拉。学过数理科学的读者都知道，高斯在这四个人里名气最大，他的名字出现在很多物理和数学公式里，如"高斯公式""高斯定理"等。马可尼发明了无线电。高尔顿，名声不太好，他提倡"优生论"，不过通常大家知道他是达尔文的亲戚。特斯拉，现在有一个物理量就是用他的名字命名的，也是一个在电磁方面有贡献的人。

当时，这四个人热衷于用他们发明的手段去和火星上的高等智慧生物通信。设想中主要有两条途径：一是利用无线电，当时马可尼、特斯拉都在无线电方面有贡献和发明，他们向公众宣称已经发明了仪器可以和火星上的高等生命通信。高斯首先是一个数学家，他的想法跟物理学家不一样，他主张用巨型镜面在地球上排列成特定的几何形状，巨型的镜面反射太阳光，就会变成一个极亮的大三角。这样就能够让月球上、火星上的高等智慧生物发现，这样一个特定的几何形状不可能是自然形成的，必然是人工的，他们就能知道地球上也是有高等智慧生物的。高斯这个方案最初是为了和月亮上的高等智慧生物沟通，当时人们相信月亮上是有居民的，后来又有人把他的方案用到火星上。

这些想法现在看来都是天方夜谭，当时他们都是著名科学家，这些方案都是发表在当时严肃的科学刊物上的，不是当小说写着玩的。很多名气非常大的刊物，如《自然》杂志（*Nature*）、皇家学会《哲学通汇》等，尽管现在一说起来都把它们捧在神坛上，认为都是很高级的科学刊物，其实大部分人并不会去看它们，当年它们登过许多荒谬的内容。当时刊登是因为它们都在认真考虑这些事情。

和外星高等智慧生物通信，也不止针对火星，在当时欧洲科学家心目中，月亮、火星、太阳上面都可能是有高等智慧生物的。这种讨论一直到18世纪末还很热，但是为什么今天去看科学史或天文学史著作,这些讨论就没影了呢?这是因为,后人写科学史的时候,有这样一个传统:只写科学史上成功的事情。

其实,科学的发展过程中肯定走过弯路。例如,你到这里来听演讲,走对路的话肯定很快就到了,但是你中间可能迷过路,可能绕了三个小时的路程才到这儿来,你告诉别人到新华中心的路怎么走的时候,当然不说那三个小时绕的路,肯定说的是那条正确的路。讲科学的历史,人们通常也是这样,在科学探索过程中的那些弯路都会被省略。所以通常你看到的科学的历史,就是从一个成就走向另一个成就的历史。其实,比这些伟大成就更多的是做了无用之功、设了骗局、弄出笑话等的历史。

科学发展终止了火星狂想曲

到 20 世纪初,有两件事让火星故事的热度骤然下降。第一件事是望远镜越造越大,终于大到能把那些"火星运河"看清楚了——知道这是自然地貌;第二件事是有了光谱分析的手段。例如,我们看到金星上有大气,那怎么知道大气的成分是什么呢?不需要把人送到那个行星上取样本回来,所有的远处天体的大气里面是什么成分,我们都可以用光谱分析来获知。所以,通过光谱分析知道火星上面残存的那点大气,人是不能呼吸的,人到了火星上肯定会死掉。

这两项技术发展到这个程度时,人们一下子就知道了,原来火星表面没有水,是一个干旱的环境,当然看不到什么运河了;它几乎没有大气,人或类似于人的高等智慧生物是不可能在那里生存的。光谱分析造成的最大打击是对于太阳上有高等智慧生物的想法,因为光谱分析让人们知道太阳表面的温度很高,在那么高的温度下没有任何生物能够存在,于是大家都知道太阳上不可能有生物。那么月亮上呢?那个时候就知道得更清楚了,月亮上根本没有大气。

我们所能想象的生物形式,当然只能以地球上的生物作为例子,如果有生命,就必须有阳光、空气和水,这三个必要条件只要缺少一个,生命就无法存在。所以到20世纪,火星文明的科学故事一下子就结束了,包括月亮上和太阳上的文明,这些都结束了。这个时候就如我前面说的,想象空间被科学发展压缩了。科学发展到了20世纪,人们很难想象火星上会有伟大文明了。从那个时候开始,火星从一个科学研究的对象很快变成了文学想象的对象。关于火星的文学想象我将放在后面来讲。

当代的火星探测

人们想要了解太阳系中的那几个邻居,对火星的探测兴趣远远大于金星。尽管金星也很适合探测,它比火星还要明亮,但因为金星表面有一层非常浓厚的大气,那层大气实在是太厚了,把整个星球包在里面,根本看不见里面有什么东西。所以,天文学家面对金星大气直到现在也无能为力,因此对金星的探测远远不如火星。

对月球的探测,一是因为月球很近,但是月球太小,而且它没有任何大气,所以是一个死寂的世界。后来美苏争霸,又开始有其他想法了,如在月球上建一个军事基地的话,那就在地球外层空间占据上风了。联合国曾通过一个决议,宣布月球是全世界共同的领土。据说美国人曾经想宣布月球是他们的领土,但这件事情在联合国没能通过。因为美国人最先登陆月球,按照以前西方列强争夺殖民地的做法,到了一个地方就宣布那里是某国的领土了,美国人想在月球上也这样做。现在,月球不是某一个国家可以独占的,各国都可以登陆月球。当然,受到目前科技能力的限制,登陆月球难度很大。

现代人对火星的研究,从观察发展到探测,主要通过向火星发射探测器,让探测器登陆火星。利用火星探测器研究火星从1960年开始,主要是由当时的苏联和后来的俄罗斯以及美国在研究。虽然还有欧洲、日本和印度,但这些国家其实都只尝试过一次,其他39次都是美苏两国尝试的。42次尝试中有25次是明确宣布失败的,前5次都是苏联尝试发射的,但这5次都失败了,第6次是美国尝试发射的也失败了,接着美国尝试了第7次才成功了。

什么叫成功,什么叫失败呢?发射一个探测器到火星上,让它成功着陆,之后探测器能够发回信号来,那就算成功了。不过这些探测器能获得的信息很有限。这些探测器中最成功的是美国的"海盗号1"和"海盗号2"，它们先后都在火星上成功着陆了。还有类似于月球车一样的火星漫游车，让它着陆之后能够在火星表面运动，不断向地球发回一些信号。有时候并不把探测器着陆在火星上，而是让探测器绕着火星转，并且拍照。在火星上拍照和金星不同，火星上大气十分稀薄，不妨碍拍照。

商业骗局"火星移民计划"

接着就要讲"火星移民计划"了，最初筹划这次讲座就是因此事而起的。

前不久，"火星移民计划"在媒体上成为热点，连中央电视台也不止一次报道过。这个计划再度引起了人们对火星的兴趣，但计划本身却是完全不靠谱的，接下来我们花一点时间来分析这个计划。

简单来说是这样一个计划：一家荷兰的私人公司向全世界宣布要筹备火星移民。公司制订一系列的时间表，具体到每年做什么事情，其中最重要的是2023年，计划要把四名志愿者送往火星。这四名志愿者到达火星后就不回来了，他们要住在火星，所以说是移民。该公司还计划若干年后要让移民人数达到20人。

第一轮宣传之后不久，就有媒体对它表示怀疑了：这样一个私人公司能做成这件事吗？到2015年，这家公司推出第二轮宣传攻势，论调更高了，开始讨论"未来火星自治社会"，想象移民到达火星后要建立新政府，并形成新社会。这项计划向全世界征集宇航员，任何人都可以报名，据说中国有一万多人报名，全世界共有20多万人报名。报名需要交报名费，报名费也不是很贵，一般人也支付得起，当然报名费不会被退还。

不久有媒体曝出，这家公司总部在一间出租屋里，人们开始怀疑这是不是一场骗局？这不是皮包公司吗？结果公司也承认租了那个房间作为办公室，这听着就更像是个骗局了。这个事情到底是不是骗局，我们是可以判断的。

在做判断之前，我们不妨了解一些火星的信息。最重要的信息有：

火星和地球的距离：大概在5 500万公里到4亿多公里之间变化。

火星年：地球绕太阳转一圈为一年，火星绕太阳转一圈的时间差不多等于地球两年。

火星直径：约为地球直径的一半，说明火星比地球小很多。

火星表面重力：是地球表面重力的40%，这一条信息非常重要，判断火星是否适合人类移民必须考虑这一点。

那么，火星移民计划是不是可行呢？

首先，首次被送到火星上那几个人是不回来的，这就意味着他们要在火星上住下来。现在火星上的大气本身非常稀薄，成分也不是人可以呼吸的，那就必须要生活在一个密闭的空间里，呼吸其中的空气。人类在地球上已经做过类似实验，制造一个密闭空间，里面有土壤、空气等，然后让人在里面生活，希望它自己能够循环，但是实验最终是失败的。这种人工制造出来的小型封闭系统，时间稍微长一点（如几年），就立刻恶化崩溃了，至今没有成功。那家荷兰公司计划要在2023年把人送上火星，如今只剩8年时间了，这样的生命支持系统在地球上已经试验了几十年都没成功，还剩8年时间能不能成功？大部分人认为是没有希望的。

其次是航天器的运载能力问题。即使上面的封闭系统成功了，这个系统必然是非常庞大的，那么把封闭系统造好了运到火星上去呢，还是把材料运到火星上去装配？无论哪种方案，以人类现有的航天技术都是远远做不到的。前面说到从1960年起苏联、美国发射火星探测器，那些探测器是非常小的东西。在飞往火星的路上，航天器的大部分体积和重量都损耗在燃料上，只能把很小的探测器送到火星上去。在可见的将来，要把上面讲到的这种生命支持系统送上火星是不可能的。把器材送到火星上再装配，或者装配好了再送上去都是不可能的，现有的航天运载能力离这样的目标还有非常大的距离。

不妨对比一下美国新的火星探测计划，NASA（美国国家航空航天局）最近公布要在2035年左右把人送上火星。假定这个计划可行，也要比荷兰公司的计划晚12年。美国的火星探测计划把人送到火星后还要回来的，就像派宇航员登陆月球，不需要上面讲的生命支持系统。尽管NASA这些年经常面临经费削减问题，但是它所拥有的资源是荷兰的私人公司不可比拟的，NASA的资源远远比荷兰公司雄厚得多。

虽然历史上像弗拉马利翁、洛韦尔的天文台都是私人的，有钱就能建造，但是航天探测毕竟和搭建望远镜不一样，航天探测需要的钱远远超过私人天文台。而且那家荷兰公司又没有世界首富之类的人在支持它，它还要用报名费来维持运营。20万人的报名费足够组建一个航天飞船到火星上吗？这根本不可能。

致命的火星大气问题

最致命的问题是火星大气，这个问题不解决，所有火星移民计划都无从谈起。关于这个问题我们可以稍微说得多一点。

按照现有的科学理论，行星大气是可以制造的，行星大气成分也是可以改变的。这两条在理论上是可以成立的，不过在技术上还从来没有人实践过。例如，科学家早就设想过如何改造金星的大气，让它适合人类呼吸，这种想法是有的。

但是火星上的致命问题是，火星只有非常稀薄的一点点大气，它的大气只有地球大气密度的0.8%，连1%都不到。为什么它的大气如此稀薄？因为火星上的重力太小了，火星表面重力是地球表面重力的40%。要知道，一个行星要有足够大的表面重力，才能把空气分子留住，保留它的大气。地球具有合适的表面重力，大气是浓厚的。月球上为什么一点大气都没有？因为月球的表面重力只有地球表面重力的六分之一，所以月球上任何空气都留不住。火星上的表面重力太小，留不住空气，所以即使可以制造出火星大气，也保存不住，不久它也会散逸到太空中去。

以人类现有的科学能力，改变一颗行星的表面重力是不可能的。

火星移民不可能长期生活在密封的罐子里，打开火星移民计划的网站，宣传主页上就是一个个大罐子，是计划给早期移民刚去的时候住的。如果想要去征服火星，人类需要登陆火星，但目前人类无法在火星上长期生存。尽管还可以想象宇宙中有其他生命，那些生命不需要空气和水，它们可以是某种生命，但那些生命肯定不是人类。

2023年距离现在太近了，8年时间很快就会过去。我很有把握，8年后火星移民计划依然是不可能的。所以，我一开始就对媒体说这个计划是不靠谱的。

媒体在"火星移民计划"上的表现

火星移民计划和媒体之间的一些互动，值得我们谈一谈。

对于火星移民计划的反应，国内媒体的表现总体说来是令人失望的。在第一波报道中，国内媒体普遍正面报道了这个计划。在第一波报道中几乎查不到任何质疑的意见。

那时，我对媒体发表了质疑的意见，但是报纸把我的意见严重压缩，在报道了整整两个版面的火星移民计划之后，在最后一版最右下方的一个角落里留了两句话，说江晓原表示这个计划是可疑的。

当时，媒体采取什么方式进行报道呢？第一，媒体将那家荷兰公司官网上的宣传材料翻译为中文后进行报道，公司的官网当然是正面宣传自己的。第二，不是有一万多名中国人报名了吗？媒体就去采访那些报名的人。那些报名的人就说自己有航天梦想，他们展开幻想，想象自己作为第一批从地球派到火星的移民，将来为人类寻找第二个家园等。这样一讲，听的人很兴奋，热血沸腾。

连中央电视台都不止一次播报过这个计划，这实际上是在替那家荷兰公司做商业宣传。本来那家荷兰公司就有点像空手套白狼一样，没有任何资本，只想通过国际宣传来筹钱。国内媒体在两个层面上误导了观众：

一是科学层面。因为国内媒体不断地正面报道这个移民计划，会让公众误以为移民火星在科学上是有可能的。二是媒体有义务为公众提供正确的信息，正面引导公众，而不是为一个商业骗局做宣传。那是一个骗局，国内媒体却免费去帮那个骗局张罗，连那个骗子都会暗暗笑话。这实际上是给国内媒体丢了脸。

如果国内媒体不想在这两个层面上误导观众，首先，国内媒体在第一阶段为什么不去采访国内航天界的专家，而是去采访那些报名的年轻人？那些年轻人对科学不太了解，只是出于好奇或好玩才报名的。到了第二阶段，有的媒体才想起来去采访欧阳自远院士，欧阳自远院士当然告诉他们这个计划是不靠谱的。

当时，这些媒体是"一头热"的——只知道热爱科学，一听往火星上移民，便觉得这个计划是科学的；主题又是航天和寻找第二个人类家园,从一开始他们就打定主意了:这个事情好,可以进行宣传。

后来,我在《文汇报》上写了一篇文章分析这个事情,国内媒体为什么会这样做,是因为它们的科学主义。科学主义就是盲目崇拜科学,听到有人在做一个火星移民项目,便想当然地认为这个项目是美好的事情,不去想这个项目是否存在问题。

后来,国外一些媒体开始质疑这个计划,说这个计划是不靠谱的,国内一些媒体还不肯改正前面的错误。当然不会要求国内媒体刊登道歉启事说之前的报道不正确,但至少现在把正确的信息进行报道。但是,有些媒体在开始阶段义务宣传很起劲,后来知道有问题了,就再也不提这件事情了。还有的媒体为自己辩护,说不应嘲笑人们的航天梦想,好像这样一辩护,那个错误就没了。对啊!航天梦想是不应该被嘲笑的,我也不主张嘲笑,但是媒体对公众负有责任,公众在很大程度上还是会受媒体影响的,媒体在这些问题上就应该持慎重态度。

对于火星移民计划,我前不久写过一篇专栏文章,我认为用不着整天去讨伐它,它是一个商业骗局,到了2023年,这种骗局最大的可能是不了了之。最后那些钱,像我开玩笑说的,被公司付房租用去一部分,还有一些用于宣传费用,然后不了了之,那也不会有多大的危害。现在看来这件事情也不至于给社会造成多大危害,基本上就属于西方常见的骗局。

幻想中的火星文明

最后,我们来回顾幻想中的火星文明。自从科学发展压缩了火星的想象空间,知道眼下火星是不可能有高等智慧生物了,但它变成了幻想对象,倒是如火如荼了。在这条幻想的道路上产生了大量的科幻小说和科幻电影作品。

关于火星文明的科幻小说,最有名的就是英国威尔斯的《星际战争》(The War of the Worlds),注意它的出版年份是1898年,那时火星的想象空间还没有被压缩掉,人们还相信火星上可能有高等智慧生物。威尔斯的《星际战争》就是人们熟知的"火星人大战地球",电影也至少拍过两次。最后一次是汤姆·克鲁斯主演。小说里想象的是火星上的高等智慧生物侵略地球,不过最后虽然在科技上把地球人打得落花流水,却因为受不了地球上的病毒,被地球上的病毒感染后失去了战斗力,这才失败。这是属于比较简单的想象,想象外星生物侵略地球,类似的故事有很多。

科学家说现在火星上表面水没有了,大气也几乎没有,那是一个死寂的世界,但是我们可以想象火星曾经有过非常发达的文明,下面这个电影《火星任务》(Mission to Mars),代表着一种对火星文明的更高级的想象,这种想象到现在还有生命力。想象的故事是这样的:

火星人在几亿年前就具有了强大的星际航行能力,已经找到了新的家园,他们知道火星已经不能居住了,就在几亿年前迁走

《火星任务》电影剧照

了,迁到了太阳系外的某个行星上去。临行前,他们在邻居地球上播撒了一些生命的种子,然后留下一个火星人留守在火星上,给她的任务是在火星上等待,一直要等到地球上的生命逐渐进化,进化到有一天地球上的宇宙飞船飞到火星上来的时候,她的任务才算完成。这个火星人在火星上留守了几亿年。你想想看,几亿年一个人留守在火星上,多痛苦啊!所以,当她一看见地球上的宇航员时,眼泪就流下来了!火星人终于看到了,他们播种的那个生命经过了几亿年的进化之后,终于进化到可以乘一艘飞船飞上火星的地步。

这样的想象空间一旦被打开的话,就是无穷大的,甚至可以想象上帝就是一个火星人等。

在电影《火星任务》里面,还利用了一个很重要的传说——"火星人脸"。电影中火星人就是从一个巨大的、像人脸一样的建筑中走出来的。好多年前就有一张照片流传着:在火星上有一张人的脸。网上这张照片也很流行,并且有一种说法,说这个照片是NASA(美国国家航空航天局)流传出来的,是NASA发射的探测器在火星上拍摄的。当然,NASA是否认的,说这完全是"光与影的幻觉"而已。但网络上经常有这样的内容,人们总是想象说,NASA这种机构经常偷偷在火星上探测神秘的文明遗迹等。关于"人脸"的传说在很多有关火星的书上都有提及,看看那张照片,确实像人的脸,但这也完全可能是自然地貌形成的巧合。

关于火星的幻想作品中还有改造火星大气的，如电影《红色行星》(*Red Planet*)，故事里科学家改造了火星大气，使得人能够呼吸了。当然，这部作品回避了火星大气的致命问题，即火星重力留不住火星上的大气。但是，在幻想电影里，大气问题经常是被忽略的。那些星球上就算有大气，也是不能呼吸的，因为成分不同，如果其他星上的大气成分和地球上的不一样，对地球人来说就是毒气，一呼吸就会死掉的。但拍电影不能一直让宇航员带着头盔，那连主角的脸都认不出来了。科幻作品主要目的也不是给观众上科学常识课，所以作品里有很多地方可以突破或忽略那些常识，目的是强调作品的主题。

火星上到底发生过什么呢？

最后，是我个人的一些看法。在我看来，即使人们同意科学家现在说的都对，那人们对火星的想象空间也没有被压缩到零。想象空间还是有的，因为人们对火星的了解还远远不够。例如，现在还没有人类踏上过火星。火星有几十亿年的历史，在这几十亿年中，火星上发生过什么事，确实很难说。火星上曾经有过某种高等文明的可能性，也不能够绝对排除的。

例如，火星上面奇怪的生物只需要呼吸非常少的空气就够了，以至于火星上只有地球大气0.8%密度的空气已经够了，可不可能呢？甚至火星上的生命形态是不需要空气的，那也不是不可能的。另外，现在火星表面没有水，不代表以前从来没有产生过水。现在又有一些证据说，火星可能在地下是有水的。一颗行星的地质变化在几十亿年里也是非常可观的，不排除火星表面上曾经是有过海洋的，谁知道呢？也许，现在在火星的下面有水，下面有水本身也有很多的想象空间。如果按照地球上的生命要素，水也有了，也许在那个密闭的地下空间里连空气都有呢？

这些事情都是很难说的。关于火星的故事，我为什么说"在现实和幻想之间"？因为这个故事确实还没有结束，随着科学的发展，如果有一天，人类到火星上去了，有了更多的发现，这个故事也可能完全重写。

本文原载《书城》杂志2015年7月号，有删改。

引力波和它的社会学及不确定性

江晓原

发现"原初引力波"的科学社会学

2014年3月,一个美国科学家团队BICEP2宣布他们发现了宇宙的"原初引力波",一时间赞誉之声迭起,以为将要"揭示宇宙诞生之谜"了。谁知不到一年,这个团队又宣布"那个发现是一个错误"。有趣的是,如此狗血的剧情居然让有的中国科学家"唏嘘不已"——原因是"中国连想犯这样错误的机会都没有"。美国人就是犯了一个错误,也能够让国内的科学家艳羡不已,这就是软实力啊!

去年,BICEP2宣布发现原初引力波,国内媒体纷纷跟进报道,科学家纷纷对媒体谈论这一发现的"重大意义",认为它是"一个诺贝尔奖级别的重大发现"。当时,我居然做了一回"事前诸葛亮",有点先见之明地对媒体表示,对于这类"重大发现",不要急于跟进报道,应该再观察一段时间,

科学验证：
那些天空及世间的证明

江晓原
科学读本

2016年2月11日，引力波探测团队LIGO（激光干涉引力波天文台）和VIRGO（名字从观测的主要目标之一处女座星系团借用而来）共同宣布，他们在几个月前的（2015年9月14日）探测中第一次探测到了GW150914（即"引力波2015年9月14日"的缩写）。

至少看看国外科学共同体的反应再做判断。记得当时记者问我为什么，我告诉她，对于引力波来说，什么叫"发现"？这和你在桌子上发现一个茶杯根本不是一回事。这些科学家此时所使用的"发现"一词，根本不是人们通常所认为的那种意义——这背后涉及一系列科学的不确定性。

不过，先不着急谈论科学的不确定性，不妨先谈一点引力波的"庸俗社会学"。

其实，早在1969年，美国物理学家韦伯（J. Weber）就曾宣称，他已经探测到来自银河中心的引力波，不过这个发现一直未能得到物理学界的公认。此后，物理学家探测引力波的尝试也一直时断时续地进行着。然而，因为长期没有突破，这方面的工作逐渐被边缘化，颇受冷落。所以，研究引力波的物理学家们很需要一次重回闪光灯下争夺公众话语的机会，2014年3月的高调宣布发现"原初引力波"，乃至今年年初再宣布"那是一个错误"，都可以理解为这样的争夺努力。

这两次努力的效果看来不错，最近媒

体报道说,在这样两次宣布之后,"不仅没有影响BICEP2升级之后的下一代望远镜BICEP3继续获得经费支持,而且使国际上关于原初引力波的期待更加热切了"。或许,这就是"犯错误"的美妙之处!

引力波之前世今生

"引力波"的概念,1918年由爱因斯坦提出,但至今还没有得到验证。在20世纪70年代出现有关引力波存在的间接证据之前,许多物理学家对引力波的存在持怀疑态度,此后的主要工作方向则集中到探测方法上了。韦伯当属引力波探测方面最重要的人物之一,在他已算相当经典的著作《广义相对论与引力波》(General Relativity and Gravitational Waves,1961)中,他认为"引力辐射问题一直是广义相对论的中心问题之一"。1966年,韦伯在马里兰大学建造了第一个引力波探测器。

要理解引力波,就不能不从引力谈起。但是,"引力"其实是一个非常虚幻的概念。

牛顿给出了引力的数学描述,就是大家熟知的万有引力定律。但是许多人没有注意到的是,牛顿既没有成功解释引力的原因,也没有讨论引力是如何传播的。按照当代著名物理学家费曼(R. P. Feynman)的意见,"牛顿对此没有做任何假设,他只满足于找出它(引力)做什么,而没有深入研究它的机制。从那时以来,没有人给出过任何成功的机制"。尽管牛顿在私人信件中涉及过这

假想中的引力波

3 引力波和它的社会学及不确定性

一话题,如在 1678 年 2 月 28 日致玻义耳(Robert Boyle)的信中,他提出过一个关于引力原因的"猜测",物理学发展的历史表明这个猜测也是不成功的。至于引力的传播,费曼认为"按照牛顿的看法,引力效应是瞬时的",这也就是通常所说的"超距作用",即认为引力是以无穷大速度传播的。而事实上,一旦传播速度为无穷大,也就从根本上消解了"传播"本身。

其实,牛顿的同时代人已经清楚意识到了这一点。在《伊萨克·牛顿爵士颂词》(Eloge de M. Neuton)中,法国皇家科学院常任秘书丰特奈尔(Fontenelle)写道:"不知道引力由什么构成。牛顿爵士本人对此略而不论……他非常直率地宣称,他只是作为一个他不知道的原因提出这种吸引,他只考虑、比较并计算这种吸引的效应……然而,这些原因确实是隐蔽的,他留给其他哲学家去探索。"

然而,牛顿身后两百多年,始终没人在这个问题上探索出任何结果来,直到爱因斯坦提出相对论。在爱因斯坦的宇宙图景中,"光速极限"是一个基本假定——宇宙间没有任何物质或信息能够以高于光速的速度移动或传播。这样一来,牛顿"超距作用"的引力就是不被允许的概念了。只有在"光速极限"的假定之下,"引力传播"才能构成一个问题。爱因斯坦相信引力也是以光速传播的。这里有一个有趣的类比,当年麦克斯韦提出电磁理论,就预言了电磁波的存在:加速运动的电荷会产生以光速传播的电磁波。现在爱因斯坦也预言了引力波的存在:加速运动的物体会产生以光速传播的引力波。

科学验证：
那些天空及世间的证明

江晓原
科学读本

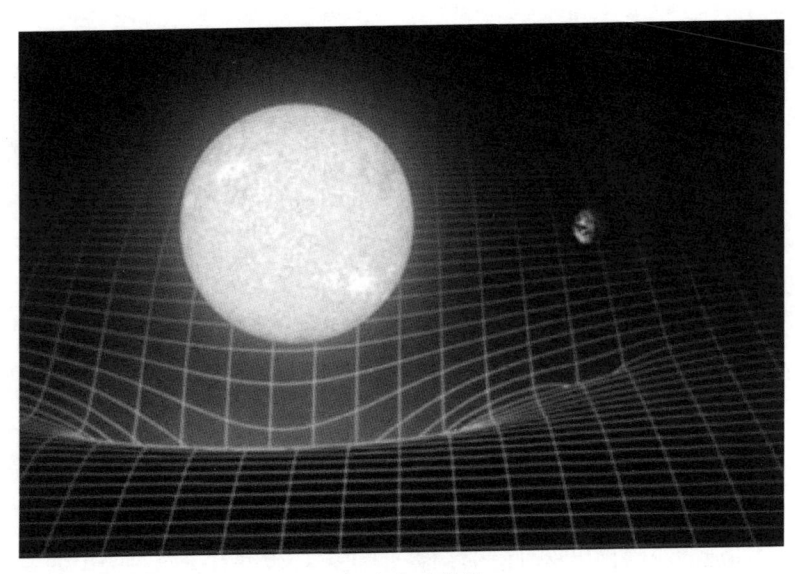

空间弯曲示意图

到底什么是"发现"？

不过，引力波非常微弱，需要辐射出引力波的物体质量非常之大，才有可能被探测到。物理学家考虑作为引力波辐射源的对象，大致有如下 5 种：

1. 恒星中的双星系统。这是最"常规"的想法，两颗有着巨大质量的恒星相互绕转，可以辐射出引力波。

2. 超新星爆发。物理学家们推测，在一次超新星爆发中，可能会有 1% 的能量以引力波的形式释放。

3. 脉冲星。这是超新星爆发后的产物,它的引力波辐射强度比超新星爆发要弱得多,但是它可以持久,而超新星爆发是短暂的。

4. 黑洞的形成或碰撞。物理学家相信,巨大质量的引力坍缩形成黑洞时或两个黑洞碰撞时,都可以辐射出极强的引力波。

5. 宇宙大爆炸。在物理学家的想象中,大爆炸生成宇宙时,会有极大的能量转化为引力波,这样的引力波仍有可能残留在今天的宇宙中,即所谓的"原初引力波"。

韦伯设计的引力波探测器,是一根用细丝悬吊着的粗矮铝制圆柱,置于密闭的真空环境中,俗称"韦伯棒"。其理论依据是:引力波传播引起的空间移动会使铝柱产生应变,而连接在铝柱质心处的精密压电晶体可以探测到这种效应。这个想法听上去有点"看得见、摸得着"的样子。后来,物理学家开始应用激光干涉仪来探测引力波,这时"噪声"问题开始凸显出来,如何将各种来源的噪声和希望探测到的引力波信号分离开,成为棘手的问题。这两个方案都没有探测到任何引力波。

在大爆炸宇宙论中,大爆炸留下了"背景辐射",宇宙背景辐射后来用射电望远镜探测到了,成为大爆炸宇宙论的重要验证之一。这次宣称发现"原初引力波"的研究项目,就是试图用射电望远镜在宇宙背景辐射中"发现"引力波的踪迹。

到这里,科学的不确定性就出现了。这时的"发现"是建立在一系列理论假设、仪器测量、数据解读的长长"链条"末端的,而这个"链条"中的任何一个环节,都可能是有疑问的,都可能出现问

科学验证： 江晓原
那些天空及世间的证明 科学读本

The Nobel Prize in Physics 2017

© Nobel Media AB. Photo: A. Mahmoud
Rainer Weiss
Prize share: 1/2

© Nobel Media AB. Photo: A.Mahmoud
Barry C. Barish
Prize share: 1/4

© Nobel Media AB. Photo: A.Mahmoud
Kip S. Thorne
Prize share: 1/4

2017年诺贝尔物理学奖得主

题。现代科学最前沿的"发现"，如这次的"原初引力波"或者前些时候甚嚣尘上的"上帝粒子"，都是建立在这样的"链条"末端的。

这次"发现原初引力波"的故事是这样的：BICEP2团队的科学家打算在宇宙背景辐射中探测某种细微的"卷曲偏振结构"，结果一片银河系中的尘埃误导了他们。你没听懂是吗？不要紧，我也没搞懂，我们只要知道他们至少在数据解读环节犯了错误即可。

本文原载《新发现》杂志2015年第4期，有删改。

地球2.0：又一堂令人沮丧的算术课

江晓原

刚好在整整五年前，我在本专栏写过一篇《星际航行：一堂令人沮丧的算术课》（载本刊2010年第9期）。最近关于"发现另一个地球"的新闻甚嚣尘上，我稍微关心了一下，顺便又备了一堂算术课，忍不住要和读者分享一回。

"发现了另一个地球"是什么意思？

当媒体使用"发现了另一个地球"或"地球2.0"这样的措辞时，在普通公众心目中唤起的想象通常是这样的：天文学家在某处找到了一颗行星，那颗行星上的环境和地球相当类似，如有大气层，有液态水，有和地球上相似的四季和温度，有距离远近合适的恒星作为它的太阳……

但在想象这些前景之前，我们必须先搞清楚"发现了另一个地球"到底是什么意思？是我们听到这个说法时通常想象的意思吗？

科学验证：
那些天空及世间的证明

江晓原
科学读本

寻找类地行星的事情，其实一直有天文学家在做，也时不时会想办法在媒体上说一说。这次是 NASA（美国航空航天局）高调宣布的，它的"开普勒太空望远镜"发现了一颗类地行星，命名为"开普勒 452b"。按照最近公布的数据，"开普勒 452b"年龄约 60 亿岁，公转周期 385 天，质量"可能是地球的 5 倍"，据说它"与地球相似指数"高达 0.98。

但是，千万不能轻易相信这些看起来头头是道的数据，也不要因为它们是 NASA 公布的就顶礼膜拜，因为还有一个致命的数据不声不响夹在中间。我一听说这次"发现了另一个地球"，首先就找这个数据："开普勒 452b"离地球多远？目前的数据是 1 400 光年。

先回顾一下冥王星的故事吧

1 400 光年意味着什么？正巧最近冥王星也非常热，尽管在物理上它是一颗"极度深寒"的星球，我们就用冥王星的故事当作标尺来用用吧。

1 400 光年，就是以光速（每秒 30 万千米）运行，需要 1 400 年。而冥王星作为太阳系较为边远的天体，它离太阳的距离，以光速运行大约需要 5 个半小时。这里就需要开始上算术课了：1 400 年 = 365 × 24 × 1 400 = 12 264 000 小时，也就是说，"开普勒 452b"离地球的距离是冥王星离太阳距离的 12 264 000 ÷ 5.5 = 2 229 818 倍，或者更粗略一些说，"开普勒 452b"离地球的距离是

地球示意图

冥王星离地球距离的 200 多万倍。

考虑到冥王星距离太阳是地球和太阳平均距离的大约 40 倍，在谈论"开普勒 452b"和地球的距离或冥王星和地球的距离时，为了方便，其实可以忽略地球和太阳之间的平均距离（1 个天文单位）。这样我们就知道，如果说"开普勒 452b"是地球在远方的"大堂兄"或"大表哥"，则冥王星简直就像和地球紧挨着的近邻。

现在来看一看，我们对于冥王星这个紧挨着的近邻，究竟知道多少。

通常我们关注某颗行星，特别重要的是行星的几个参数：尺

科学验证：
那些天空及世间的证明

江晓原
科学读本

度、质量、公转周期、与地球的距离。

冥王星是1930年发现的，1980年出版的《中国大百科全书·天文卷》中记载冥王星的尺度"至今仍未定准"，最初定为6 400千米，后来给出的下限是2 000千米，当时常采用2 700千米的说法。现在较新的数据是2 370千米，前后相差2.7倍。

冥王星的质量在1971年以前被定为0.8倍地球质量，但到1978年被确定为0.002 4倍地球质量，前后相差333倍。

只有冥王星的公转周期前后说法相当一致，约248年。但要注意，从冥王星被发现迄今，它只运行了公转周期的三分之一，天文学家还远远没有见证它绕着太阳走完一圈，所以修正的余地仍然存在。

我们对冥王星的探测已经超过85年，2015年7月14日，"新地平线号"探测器已经从冥王星身边掠过，但我们对这颗"肮脏的冰球"所知仍然极为有限。想一想，对于比冥王星更遥远200多万倍的"开普勒452b"，天文学家能知道多少？他们有多大的依据可以断定这是"另一个地球"？

另外，NASA又是用什么方法"发现"了"开普勒452b"呢？听起来也深奥得很，他们的方法是"凌星法"。"凌星法"本来并不深奥，如当金星运行在地球和太阳之间时，有时会在日面上呈现一个微小的黑点，这就是"金星凌日"。但是，对于一个比冥王星还要遥远200多万倍的恒星来说，是不可能有"日面"的——它无论在多大的望远镜中都只能呈现为一个光点，这种情况下有行星

"凌日"能让我们"看见"什么呢？据说这会导致望远镜中那颗恒星的亮度出现极为微弱的变化，NASA的科学家就是根据这一点"发现"了"另一个地球"的，这究竟能有几分可信度？反正能造成遥远恒星在望远镜中呈现亮度微弱变化的原因，还有好多种呢。

科学界这些镜花水月的发现啊！

30多年前，有一本《物理世界奇遇记》在中国理科大学生中红极一时，书中有一句虚构的台词：好莱坞这些粗制滥造的电影啊！是我们同学经常在开玩笑时要拿来用的。现在，一句模仿的感叹，经常在我脑海中盘旋：科学界这些镜花水月的发现啊！

近年一系列科学新闻都有某些共同之处。从言犹在耳的"原初引力波"，到此次"另一个地球"，中间还穿插着一些小的新闻，如在火星上"可能有水"啦（在无法判断火星上到底有没有水的情况下，科学家总是说"可能有水"而从不说"可能没水"），冥王星上的"大平原"或"氮河"啦……科学家经常急不可待地将一些捕风捉影、只是猜测的"重大科学新闻"向媒体兜售，有时学术论文还没有正式发表，就先向大众媒体和科普杂志披露，甚至不惜过一段时间后再向大众媒体和科普杂志表示先前披露的重大新闻"那是一个错误"（所谓的"原初引力波"就是这样）。

有些媒体和记者还喜欢跟着激动，至少是在文章和报道中装作很激动的样子。例如，这次的"开普勒452b"竟然被说成是"科学发现改变三观"，甚至提升到"为万世而未雨绸缪"的骇人高度。

这恐怕已经是"刻奇"(Kitsch)了,当心过几天NASA的科学家又出来轻描淡写地对你说"那是一个错误"啊!

那么,"开普勒452b"到底有什么意义呢?老老实实看,意义只能有两个:(1)也许这样的行星上会有和人类类似的高等智慧生物和高等文明。(2)也许将来地球人类可以移居到这样的行星上去。

我们从小在教科书上读到的是:生命产生的基本条件是要有阳光、空气和水。这个说法并没有错,但它只是从地球这个唯一样本"归纳"出来的。常识告诉我们,只靠一个样本根本无法形成基本意义上的"归纳",但这一点在我们谈论生命、高等智慧、行星环境之类的问题时,却经常被遗忘。例如,为什么不能想象一种无须呼吸空气或无须阳光和水的生命形态?如果我们同意还可以有其他多种形态的生命或文明,那就将不得不同意在千千万万个天体上都有可能存在生命或存在高等文明。这样,"发现另一个地球"的第一个意义就被消解了。第二个意义更加镜花水月,只要想想"开普勒452b"离地球1 400光年就知道了,以人类现有的航天能力,飞往那里大约需要两千万年(参见上一堂算术课)。

其实,"发现另一个地球"还有第三个意义,倒是相当现实的:NASA近年来一直受到削减经费的困扰,它迫切需要增加各方对它的关注。

本文原载《新发现》杂志2015年第9期,有删改。

宇宙：隐身玩家的游戏桌，还是黑暗森林的修罗场？

江晓原 |

莱姆的奇异小说

波兰作家斯坦尼斯拉夫·莱姆（Stanislaw Lem）出版于1971年的《完美的真空》，曾在国内最好的书店之一被尽职的营业员放入"文学评论"书架，而此书实际上是一部短篇科幻小说集。

之所以会出现这种状况，是由于莱姆别出心裁地采用评论多本虚构之书的形式来写他的科幻小说，共16篇，每篇小说就以所虚构的书名为题，但这些被评之书其实根本不存在，全是莱姆凭空杜撰出来的。在文学史上，这种做法并非莱姆首创，在他之前已经有人用过。但是在科幻小说史上，莱姆也许可以算第一个这样做的人。在每篇评论的展开过程中，莱姆夹叙夹议，旁征博引，冷嘲热讽，插科打诨，讲故事，打比方，发脾气，掉书袋……逐渐交代出了所评论的"书"的结构和主题,甚至包括许多细节。

我猜想,莱姆采用这种独特的方式来写科幻小说,目的是既能免去构造一个完整故事的技术性工作,又能让他天马行空的哲学思考和议论得以尽情发挥。

但是,《完美的真空》的最后一篇也是最长的一篇,即《宇宙创始新论》,又玩出了更新奇的花样。这次不再是"直接"评论一本虚构的书了,而是有着多重虚拟:一部虚构的纪念文集《从爱因斯坦宇宙到特斯塔宇宙》中,有一篇虚构的"诺贝尔奖颁奖典礼上的发言稿",发言者是虚构的物理学家特斯塔教授,他介绍和评论一本"对他本人影响至深"的虚拟著作《宇宙创始新论》,此书的作者阿彻罗普斯自然也是虚构的。

这可以说是莱姆所有科幻小说中最具思想深度的一篇。这篇小说——事实上它已经是一篇学术论文——主要试图解释这样一个问题:既然宇宙那么大,年龄那么长,其中有行星的恒星系统必定非常多,为什么人类至今寻找不到任何外星文明的踪迹?这就是所谓的"费米佯谬",我在本专栏第27期(2008年9月)和第44期(2010年2月)中已讨论过,下面要讨论的是更深一层的问题。

莱姆的宇宙:隐身玩家的大游戏桌

我们以前一直习惯这样的思想:宇宙("自然界")是一个纯粹"客观"的外在,它"不以人的意志为转移",至少在谈论"探索宇宙"或"认识宇宙"时,我们都是这样假定的。这个假定被绝大多数人视为天经地义。

但是,莱姆在《宇宙创始新论》中,一开始就提出了另一种可能:"宇宙文明的存在可能会影响可观察的宇宙。"这种说法实际上也没有多少石破天惊,因为在"彻底的唯物主义"话语中,不是也一直有"征服自然"和"改造自然"的说法吗?这种"征服"和"改造"当然是由文明所造成的,那么莱姆上面的话不就可以成立了吗?

如果同意莱姆的上述说法,那么我们就可以继续前进了——人类今天所观察到的宇宙,会不会是一个已经被别的文明规划过、改造过的宇宙呢?

莱姆设想,既然宇宙的年龄已经如此之长(如150亿—200亿年),那早就应该有高等智慧文明发展出来了。这些早期文明来到宇宙这张巨大的游戏桌上,各自落座开始玩博弈游戏(如资源争夺),经过一段时间之后,他们为什么不可以达成某种共识,制定并共同认可某种游戏规则呢?

如果真有这种情形,那么今天所观察到的宇宙,就很有可能真的是一个已经被别的文明规划过、改造过的宇宙。这个宇宙不是只有一个造物主,而是有着"造物主群"。

这种全宇宙规模的规划或改造,为什么竟是可能的呢?莱姆是这样设想的:

> 工具性技术只有仍然处于胚胎阶段的文明才需要,如地球文

《流浪地球》电影剧照

明。10亿岁的文明不使用工具的,它的工具就是我们所谓的"自然法则"。物理学本身就是这种文明的"机器"!

换言之,所谓的"自然法则",只是在初级文明眼中才是"客观"的、不可违背的,而高级文明可以改变时空的物理规则,所以"围绕我们的整个宇宙已经是人工的了",也就是莱姆所谓的"宇宙的物理学是它的社会学的产物"。

这种规划或改造,莱姆在《宇宙创始新论》中至少设想了两点:

一、光速限制。在现有宇宙中,超越光速所需的能量趋向无穷大,这使得宇宙中的信息传递和位置移动都有了不可逾越的极限。

二、膨胀宇宙。莱姆认为,"只有在这样的宇宙中,尽管新兴文明层出不穷,把它们分开的距离却永远是广漠的"。

宇宙的"造物主群"为何要如此规划宇宙呢?莱姆认为,在早期文明(即他所谓的"第一代文明")来到宇宙游戏桌开始博弈并且达成共识之后,他们需要防止后来的文明相互沟通而结成新的局部同盟,这样就有可能挑战"造物主群"的地位。而膨胀宇宙加上光速限制,就可以有效地排除后来文明相互"私通"的一切可能,因为各文明之间无法进行即时有效的交流沟通,就使得任何一个文明都不可能信任别的文明。例如,你对一个人说了一句话,却要等8年多以后——这是以光速在离太阳最近的恒星来回所需的时间——才能得到回音,那你就不可能信任他。

这样,莱姆就解释了地外文明为何"沉默"的原因——因为现有宇宙"杜绝了任何有效语义沟通的可能性",所以这张大游戏桌上的"玩家"必然选择沉默。同时,莱姆也对"费米佯谬"给出了自己的解释:作为"造物主群"的老玩家们,在制定了宇宙时空物理规则之后选择了沉默,所以他们在宇宙大游戏桌上是隐身的。

在这样的规则之下,新兴的初级文明不可能找到老玩家们。那种刚刚长大了一点就向全宇宙大喊"嗨,有人吗?我在这儿"的文明,不仅幼稚,而且危险。莱姆将此称为"无定向广播",也就是现今有些人士热衷的"METI 计划",莱姆认为这"一概弊大于利"。

刘慈欣的宇宙:黑暗森林中的修罗场

在莱姆的设想中,宇宙的"造物主群"虽然强大而神秘,但未必是凶残冷酷的,"玩家们并不以关爱或者垂教的态度与年轻文明沟通",他们既没有兴趣了解别的文明,也不让别的文明来了解自己,但他们"希望年轻的文明走好",而不是穷凶极恶只要发现一个新文明就立刻毁灭它。

然而,在被誉为当今中国最优秀的科幻作家刘慈欣的小说《三体》系列中,一种悲观的深思臻于极致。在他笔下,宇宙从一张神秘的游戏桌变为"暗无天日"的黑暗森林。在《三体Ⅱ:黑暗森林》末尾,他告诉读者:"在这片森林中,他人就是地狱,就是永

异形星球示意图

恒的威胁,任何暴露自己存在的生命都将很快被消灭。这就是宇宙文明的图景。"而他的"地球往事"三部曲的最后一部,书名是《三体Ⅲ:死神永生》。

"死神"是谁?就是莱姆笔下制定现今宇宙物理规则的玩家,不过在《三体》中他们的规则是:一发现新兴文明就立刻下毒手摧毁它。

在《三体Ⅲ:死神永生》中,刘慈欣让一个这样的玩家现身了:

"我需要一块二向箔,清理用。"歌者对长老说。

"给。"长老立刻给了歌者一块。

……

"您这次怎么这样爽快就给我了?"

"这又不是什么贵重东西。"

"可这东西如果用得太多了,总是……"

"宇宙中到处都在用。"

在这段对话中,"歌者"只是那个超级玩家文明中地位最低的一个"清理员",他申请这一小块"二向箔"做什么用?用来毁灭人类的太阳系!毁灭方式是将太阳系"二维化",使太阳系变成一张厚度为零的薄片,地球文明就此玉石俱焚,彻底毁灭了。这种"维度攻击"正是莱姆所设想的对时空物理规则的改变。

本文原载《新发现》杂志2011年第2期,有删改。

概率论在彩票游戏中帮助谁?

江晓原 |

纸媒和互联网上彩票信息的不同

有数十家纸质的报纸和杂志多年来一直好心地赠送给我阅读,我当然也可以在家上网,因而我得以坐在书房里就轻易感受到纸媒和互联网的变化。近十多年来,我发现至少在一件事情上,纸媒有明显的进步,而互联网几乎没有,如果不是更加退步的话。这件事情就是关于彩票的信息。

你在互联网上能够看到的关于彩票的信息,那真是汗牛充栋,其中绝大部分——我相信在99%以上——都是关于中奖预测、规则指导、大奖奇迹之类。如果你想找关于彩票本质、彩票可能带来的危害、有关人士对彩票购买者的规劝等内容,几乎找不到。十几年前我曾用了一番披沙拣金的工夫,还找到过几条,现在反而找不到了。这也难怪,现在互联网上的信息垃圾比十几年前又不知增加了多少倍。这就是互联网上关于彩票信息的现状：极少数有益有用的信息被彻底淹没在无数有害无用的信息之中，更不用说近年来还增加了不少专门从事彩票欺诈的网站。

纸媒的情形则不是这样。十多年前，也曾有越来越多的报纸开辟彩票及中奖预测的专栏和专版，一度如火如荼。当时，"彩民"一词成为报纸上天天见到的词汇。当年某些"有识之士"看到股民增多，曾经忧心如焚，担心"全民炒股不正常"，但眼见"彩民"之多远甚于股民，博彩的投机色彩又远甚于炒股，"全民博彩"难道不是更不正常吗？却不见他们忧心如焚。而肩负着正确引导公众之神圣职责的报纸，不为此忧心如焚也就罢了，竟还推波助澜，天天连篇累牍地刊登彩票中奖号码预测。但是，十几年后的今天，同样是这些报纸，关于彩票的专版、专栏早已消失，除了偶尔有关于大奖的报道（通常在社会新闻之类的版面），关于彩票的消息几乎绝迹。

但是，为什么我要将纸媒上的这一变化称为"进步"呢？

独立随机事件：概率论不会帮助彩票购买者

因为那些关于彩票的信息，绝大部分都是明显违背科学常识，误导公众、欺骗公众的。其中最容易蛊惑公众的一点，就是将彩票中奖与概率论联系在一起。

许多人会说，对呀，概率论的诞生不就是和赌博联系在一起的吗？彩票中奖不就是概率事件吗？用概率论知识来预测彩票中奖不是很有道理吗?

前面两句是对的,可惜最要紧的第三句是错的。

是的,概率论确实和彩票有关,但它只能帮助彩票设计者和发行者——帮助他们将彩票规则设计成对发行者来说稳赚不赔,却完全不能帮助彩票的购买者中奖。

几乎所有对彩票中奖号码的所谓"预测",都是建立在这样的推理之上:在某种规则的抽奖活动中,某个号码中奖的概率既然可以借助概率论推算出来(这确实如此),那么此种规则的抽奖举行若干次之后,就可以根据已抽出的中奖号码的分布情况,推测未来中奖号码的分布情况。有些被北京大学刘华杰教授斥为"假知识分子"的人,天天装模作样地为"广大彩民"进行预测。且看两段涵盖了常见"预测"基本套路的典型例子,见某报2001年5月15日第10版:

彩票球示意图

概率学专家××:近期各大区域分布疏密不均,14—32区出数相对较弱,另36

区也应关注。近期选号偏重中心区域,应尽量考虑20—26区段。

彩票专家××:从九宫幸运号码图可见上两期的走势图,2宫近期出球偏少,特别是11和29号码,本期应是重点;5宫二期未出,本期也应重点关注;另斜线上的号码,前期出2个,上期出3个,在39期仍会有3—5个左右;2001年第39期按九宫定位法确定号码为……

注意,这里"概率学专家"的推理逻辑是认为在某一时期中奖号码会相对集中于某些号码区域;而"彩票专家"的推理逻辑是认为某些区域中的号码前期已经开过,后面再开的概率就会减少,这看上去倒更具"概率学"色彩。

然而,上述推理和逻辑都是完全错误的。

那些所谓的"概率学专家",如果真的学过最基础的概率论课程,就应该知道概率论中最基本的概念之一"独立随机事件"。所谓"独立随机事件",是一系列这样的事件:其中任何一次事件发生的概率,都与此前各事件的结果无关。因此,对于独立随机事件,借助已发生事件的结果来推测后来事件的概率是不可能的。而彩票抽奖(无论是"机选"还是"人选")恰恰是最典型的独立随机事件,每一次抽奖时中奖号码出现的概率,都与以往各次抽奖的结果完全无关,除非抽奖时有舞弊行为。

其实,参加博彩非常简单,闭着眼睛任意买即可。每次开奖,每一号码中奖的概率都是一样的。根本用不着费时间、费金钱去研究什么预测，这样做只会增加博彩成本。事实上，早就有彩票从业人员告诫过"广大彩民"：电脑彩票中奖号码没有任何规律可循，中奖完全是巧合，预测彩票中奖号码是不可能的。然而，这样苦口婆心的告诫被淹没在无数关于如何预测幸运号码的喧嚣之中。

上面的结论，对于国内合法发行的两大彩票体系（即福利彩票和体育彩票）的所有品种，都是成立的。

越是不该买彩票的人却越热衷于买

彩票在改革开放后的中国，已经有了二十多年历史，还出现了一些专门的研究机构，如北京大学中国公益彩票事业研究所、河南财经政法大学彩票研究所等。这些研究机构发表的一些调查和研究报告，反映了某些总体情形。在我看来，国内的"彩票事业"正处在荒谬的状况中。

彩票的本质是赌博。国家发行彩票之所以合法，是因为这是以国家公权力垄断经营的赌博。这种行为在道德上的辩护路径，当然只能从发行彩票所得收益的用途上去寻找。例如，发行福利彩票是为了"扶老、助残、济困、救孤"，发行体育彩票是为了支持体育事业。我国财政部2002年发布的《彩票发行与销售管理暂行规定》称："彩票是国家为支持社会公益事业而特许专门机构垄断发行，供人们自愿选择和购买。"这就是说，人们购买彩票本质上就是对公益事业的捐助。只不过这种捐助会有"可能的回报"——中奖。

　　本来呢，谁更应该捐助公益事业？当然是社会上的高收入阶层，他们有能力也有义务更多地捐助公益事业。但是，上述研究机构所发表的各种报告，一致指出国内彩票购买者的主体是中低收入阶层。有的报告还指出，彩票销售在经济文化相对落后的西部地区反而比中部地区好；而东部发达地区的彩票，则主要是由来自西部地区和中部地区的打工者购买的。这些购买者收入本来就低，还要额外支出去博彩（捐助公益事业），不是有点"损不足以奉有余"了吗？至于那些高收入阶层，则很少购买彩票，他们如果想捐助公益事业，就直接参加慈善活动了。

　　根据目前的一般情况，低收入阶层同时也是受教育程度较低的阶层，所以更容易受到网络上有害信息的误导。这些有害信息或是极力渲染某人中大奖的奇迹，为低收入者描绘一夜暴富的梦境；或是将纯粹是赌博行为的博彩美化成"投资"，并引诱他们耗费时间和金钱去购买"研究材料"，进一步增加他们的赌博成本。

　　目前，国内的"彩民"人数据估计已达一亿人左右，而最近三年国内彩票发行数额大幅增长（年增长率20%—30%），这样下去，恐非社会之福。

　　　　　　　　　　本文原载《新发现》杂志2012年第9期，有删改。

我们的身体是"客观存在"吗?

江晓原

医学与人类身体故事的不同版本

在现代科学的话语体系中，我们的身体或许已经被绝大多数人承认为一种"客观存在"了。这种观念主要是由现代西方医学灌输给我们的。你看，"现代医学"有解剖学、生理学，对人体的骨骼、肌肉、血管、神经等，无不解释得清清楚楚，甚至毛发的构成、精液的成分，也都已经化验得清清楚楚。虽然，医学在西方并未被视为"科学"的一部分（科学、数学、医学三者经常是并列的），但西方"现代医学"在大举进入中国时，一开始就是在"科学"的旗帜下进行的，西医被营造成现代科学的一部分，并且经常利用这一点来诋毁它的竞争对手——中国传统医学。这种宣传策略总体来说是非常成功的，特别是在公众层面，尽管严肃的学术研究经常提示我们应该考虑其他途径。

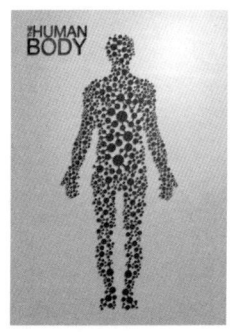

人类身体示意图

关于人类身体，今天的大部分公众，其实都是偏听偏信的。公众已经被西医唯科学主义的言说洗脑了，以至于许多人想当然地认为，关于人类的身体、健康和医疗的故事只有一个版本，就是"现代医学"讲述的版本。他们从未想过，这个故事其实可以有很多种版本，如还可以有中医的版本、藏医的版本、美洲原住民的版本，等等。

更重要的是，对于所有这些不同版本，人们很难简单判断谁对谁错。主要有两个原因：

一是人类迄今为止对自己的身体实际上了解得远远不够。将西医已有的人体知识用在一具尸体上是没有什么问题的，问题是"生命是一个奇迹"（这是西方人喜欢说的一句话），活人身上到底在发生着哪些事情，我们还知之甚少。而西医在营造自己的"科学"形象时，经常有意无意地掩盖这一点。

二是一个今天经常被公众忽略的事实：以往数千年来，中华民族的健康是依靠中医来呵护的。当西医大举进入中国时，在中医呵护下的中华民族已经有了四亿人口。仅仅这一个历史事实，就可以证明中医也是卓有成效的。由此，中医关于人类身体故事的版本，自然就有其立于世界民族之林的资格。

身体的故事是一个罗生门

2002年，在由我担任地方组织委员会主席的"第10届国际东亚科学史会议"上，日本学者栗山茂久是此次会议邀请的几位特邀大会报告人之一，当时他的报告颇受好评。栗山茂久是一位相当西化的日本学者，他用英文写了《身体的语言——古希腊医学和中医之比较》（以下简称《身体的语言》）一书。同时，他又是富有文学情怀的人，所以本应是一本比较古希腊医学和古代中国医学的学术著作，居然被他写得颇有点旖旎风骚光景。

在《身体的语言》正文一开始，栗山茂久用了一大段篇幅，复述了日本作家芥川龙之介一篇著名小说的故事。芥川这篇小说因为被改编成了黑泽明导演的著名影片《罗生门》而声名远扬。大盗奸武士之妻、夺武士之命一案扑朔迷离，四个人物的陈述个个不同。"罗生门"从此成为一个世界性的文学典故，用来表达"人人说法不同、真相不得而知"的状况。在一部比较古希腊医学和中医的著作开头，先复述"罗生门"的故事，就已经不是隐喻而是明喻了。

栗山茂久对于中医用把脉来诊断病情的技术花费了不少笔墨，甚至还引用了一大段《红楼梦》中的有关描写。这种诊断技术的精确程度曾经给西方人留下了深刻印象。更重要的是,这种诊断技术在西方人看来是难以理解的。栗山茂久也说:"这种技术从一开始就是一个谜。"之所以如此,他认为原因在于中国人和西方人看待身体的方法和描述身体的语言,都是大不相同的。

作为对上述原因的形象说明,栗山茂久引用了中国和欧洲的两幅人体图:一幅出自中国人滑寿在公元1341年的著作《十四经发挥》,一幅出自维萨里(Vesalius)在公元1543年的著作《人体结构七卷》(*Fabrica*)。他注意到,这两幅人体图最大的差别是,中国的人体图有经脉而无肌肉,欧洲的人体图有肌肉而无经脉。而且他发现,这两幅人体图所显示出来的差别最晚在公元2、3世纪就已经形成了。

确实,如果站在所谓"现代科学"的立场上来看中医的诊脉,它真的是难以理解的。虽然西医也承认脉搏的有无对应于生命的有无这一事实,但依靠把脉就能够获得疾病的详细信息,这在西医对人体的理解和描述体系中都是不可能的、无法解释的。

从这些例子中看到,双方关于身体的陈述是如此难以调和。再回想栗山茂久在书中一开始复述的《罗生门》故事,其中的寓意就渐渐浮出水面了。栗山茂久的用意并不是试图"调和"双方。通常只有急功近利的思维才会热衷于"调和",如所谓的"中西医结合"就是这种思维的表现。栗山茂久只是利用古希腊和古代中国的对比来表明,关于人类身体的故事就是一个"罗生门"。

怀孕是另一个罗生门

很长时间以来，人们已经习惯了在科学主义话语体系中培育起来的关于身体故事只有"现代医学"唯一版本的观念，而正是这种版本的唯一性，使人们相信身体是"客观存在"。如果说栗山茂久《身体的语言》可以帮助人们解构关于身体认识的版本唯一性，那么克莱尔·汉森的著作《怀孕文化史——怀孕、医学和文化（1750—2000）》可以给人们提供另一个更为详细的个案。

怀孕作为人类身体所发生的一种现象，当然也和身体的故事密切相关。怀孕作为身体故事的一部分，每个民族、每种文化都有自己的版本。而且，即使在同一民族、同一文化中，这个故事在不同时期的版本也会不同。

而近一个世纪以来，中国公众受到的教育，总体上来说是这样的图景：先将中国传统文化中关于怀孕分娩的故事版本作为"迷信"或"糟粕"抛弃，然后接受"现代医学"在这个问题上所提供的版本，作为我们的"客观认识"。

应该承认，这个图景到现在为止，基本上还不能说是不成功的。不过在中国传统文化中，怀孕分娩的故事也自有其版本，中国版本虽与"现代医学"的版本大相径庭，但在"现代医学"进入中国时，中国已有四亿人口这一事实，表明中国版本在实践层面上也不能说是失败的。推而论之，世界上其他民族、其他文化，只要没有人口灭绝，而且这种灭绝被证明是因为对怀孕分娩认识错误造成的，那么他们关于怀孕分娩故事的版本，就都不能说是失败的。

一个具体而且特别鲜明的例子就是中国的产妇自古以来就有"坐月子"的习俗，而西方没有这样的习俗。不久前还有极端的科学主义人士宣称"坐月子"是一种"陋俗"，在应革除之列。因为按照"现代医学"关于人类身体的统一版本，中国女性和西方女性在生育、分娩、产后恢复等方面没有任何不同。

让我稍感奇怪的是，"现代医学"在进入中国之后，对中国传统医学中的几乎一切内容都以"科学"的名义进行否定或贬抑，唯独在"坐月子"这个习俗上，今天中国的西医也没有表示任何反对意见。如果将这个现象解释为西医"入乡随俗"，那么它同时不可避免地损害了西医的"科学"形象。因为这等于同一个人讲同一件事，但面对西方人和面对中国人却讲两个不同的版本，这样做就破坏了关于身体故事的版本唯一性，从而也就消解了"现代医学"话语中关于人类身体的客观性。

本文原载《新发现》杂志2013年第8期，有删改。

从韩春雨事件看影响因子迷信之误人

江晓原 |

影响因子的江湖故事已经讲了八回，当然还未讲完，不过因为最近突然出现了一件与影响因子有密切关系的新鲜事，所以这次要插叙一节"外传"。

韩春雨事件最近越闹越大，传统媒体和新媒体上有关报道连篇累牍，有人认为此事"正大踏步向丑闻迈进"。我既不想判断韩春雨造假与否，也不打算对涉事各方进行任何道德评价，而是想对事件中某些尚未引起注意的细节进行解读。我的奢望是，不管此事尘埃落定时是何种结果——韩春雨成功了，或韩春雨造假了，或不了了之了，我下面的解读都仍然能够成立。

做科学实验，实名有那么难吗？

2016年5月2日，河北科技大学副教授韩春雨在《自然·生物技术》(*Nature Biotechnology*, *Nature* 杂志的专业子刊之

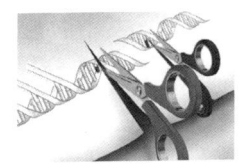

基因编辑示意图

一)上发表论文,宣称他成功利用NgAgo进行基因编辑,他的这种基因编辑工具与目前实验室最为流行的基因编辑工具CRISPR-Cas9各具优势。此事经国内媒体报道之后,韩春雨顿时名声大噪,立成"网红",他论文中所说的这项工作,甚至被说成是"诺贝尔奖级别的工作"。

据说韩春雨论文发表之后,许多国内同行纷纷与他联系,希望重复并跟进他的工作。但是,不久之后就出现越来越多的关于他的实验无法重复的质疑。

8月3日,河北科技大学对《人民日报》采访记者承诺,韩春雨将在一个月内"采取适当形式公开验证,届时将有权威第三方作证",但这项承诺至今未能兑现。

10月10日,《科技日报》报道了韩春雨接受记者的访谈,韩春雨对记者表达的意见中包括:一、他本人"没有必要自证清白";二、质疑他的实验无法重复的人都没有实名,"他们要是愿意实名出来,我们就让重复实验成功的人实名出来"。

到这里就有深度解读的必要了:为

什么试图重复韩春雨实验的人，无论是对媒体表示自己无法重复实验的人，还是韩春雨宣称能够成功重复实验的人，到那天为止——离韩春雨论文发表已经超过整整五个月了——都不肯让别人知道自己是谁？想想看，做科学实验体面、光荣、崇高，又不是做什么见不得人的事情，实名有那么难吗？

13个团队与韩春雨的巨大反差

也许是韩春雨对《科技日报》记者表达的关于"实名"的意见在10月10日见报之后刺激了一些学者，也许只是时间上的巧合，第二天的媒体上就报道了13位国内重复韩春雨实验的科学团队的负责人，实名指证韩春雨的实验无法重复。

让我们先将这13位学者排列出来，看看能够解读出什么信息。

这次愿意站出来发表公开声明的13位学者依次是：
北京大学生命科学学院教授　魏文胜，
北京大学生命科学学院研究员　孙育杰，
北京大学分子医学研究所教授　熊敬维，
中国科学院动物研究所研究员　王皓毅、李伟，
中国科学院生物物理研究所研究员　王晓群，
中国科学院生物化学与细胞生物学研究所研究员　李劲松，
中国科学院上海生科院神经科学研究所研究员　杨辉，
浙江大学生命科学研究院教授　王立铭，

上海交通大学教授　吴强，

华东师范大学生命科学学院研究员　李大力，

哈尔滨工业大学教授　黄志伟，

温州医科大学教授　谷峰。

总共12个团队，13名教授（研究员）。在12个团队中，包括中国科学院4个团队，北京大学3个团队，浙江大学、上海交通大学、华东师范大学、哈尔滨工业大学、温州医科大学各1个团队。中国科学院下辖各研究所，作为中国科学研究的"国家队"那是毫无疑问的；而上述6所大学中，5所大学都是目前中国大学等级最高的"985"高校，只有温州医科大学是"省属普通高校"。

再回过头来看看韩春雨及其所属的学校：河北科技大学也是一所省属高校，韩春雨只是一名副教授。

想想这个"盛况"，难道没有一点奇怪吗？来自十多个中科院研究所和"985"高校的教授和他们所负责的科研团队，都在重复来自一所省属高校副教授的工作？

借用金庸武侠小说中描绘的江湖图景，这些教授即便没达到少林方丈、武当掌门的名位之尊，至少也都是"名门大派"中的高僧高道一流人物吧？这样的人物会去练一个类似海沙帮小头目的武功？

也许这就是大家五个多月都不肯实名的隐秘原因吧，大家都在悄悄练呢。

估计江湖上最近在练"NgAgo神功"的大人物，应该远远不止这次愿意站出来实名指证的 13 位。还有不愿意出来实名指证的呢？还有如韩春雨所宣称的能够重复实验的呢？

影响因子迷信遮蔽常识催生幻想

接下来的问题当然就是"名门大派"的高僧高道们为什么会一窝蜂去悄悄练一个海沙帮小头目的武功？

本来在正常情况下，依据常识是不会出现这种"盛况"的。我的一个已毕业的博士学生听到韩春雨"诺贝尔奖级别的工作"的最初反应是：这种实验挺费钱的，韩春雨所在的学校恐怕没有条件支持吧？所以，他倾向于不相信韩春雨论文所说的成果。这其实就是常识，这种常识本来在很多情况下可以让人们作出比较正确的判断。

可是，这次海沙帮的"NgAgo 神功"有"琅琊阁"的背书，情况就大不一样了！韩春雨的论文发表在 *Nature Biotechnology* 杂志上，这家杂志 2016 年的影响因子是 43.113，要知道在中国名声如日中天的 *Nature* 杂志这次的影响因子也只有 38.138！这么高的影响因子意味着什么？意味着它在全球 8 000 多种 SCI 杂志中排名第五！

在极度顶礼膜拜影响因子的中国科学界，论文发表在这样的"国际顶级科学期刊"上，足以震惊一大堆"名门大派"的高僧高道们，它甚至把饶毅教授和邵峰院士这样的人物也震惊了，使他们成为第一批"对韩春雨的科研工作给予正面评价的科学工作者"。当他们也认为韩春雨所在的河北科技大学的某些做法已经"欠合适"之后，在9月21日致河北科技大学校长的信中，谈到他们当初肯定韩春雨工作的原因："鉴于韩春雨的工作经过严格的同行评议发表在严肃的国际学术期刊 *Nature Biotechnology* 上，且未有同行看出论文有任何明显问题，根据我们自己的学术背景，我们按照国际学术惯例正面肯定了韩春雨的工作。"显然，*Nature Biotechnology* 杂志全球排名第五的极高影响因子，不可能不影响他们对韩春雨工作的判断。

那么，河北科技大学让饶毅教授和邵峰院士感觉"欠合适"的又是什么事呢？他们在致校长的信中指出，是学校对韩春雨"过高或不必要的支持"，包括在开学典礼上热捧韩春雨、为他"继续争取2亿元以上的经费"等。

其实，河北科技大学的做法不难理解。最近，教育部要废除"985""211"高校，以"双一流"高校取而代之，正在节骨眼上！省属高校多年来被"教育部直属高校"、"211"高校、"985"高校，还有更高的"C9"高校（第一批"985"高校）层层压在头上，积怨久矣。对于普通省属高校来说，"一流大学"固然无望，但"一流学科"却开了方便之门，河北科技大学正是宣称要建设"基因编辑领域的一流学科"，决定用韩春雨孤注一掷。

加入这场"赌局"的还有河北省，"2亿元以上的经费"就是河北省许诺的；7月13日，韩春雨发表论文才两个月，就当选为河北省科协副主席。国家自然科学基金也闻风而动，立项资助韩春雨"基因编辑技术的完善及应用研究"100万元……

这一切的源头就是影响因子！

现在，只有韩春雨成功，才能为影响因子挽回一局。

作 者 附 记

韩春雨事件的后续发展以他本人及其团队于2017年8月3日宣布从 *Nature Biotechnology* 杂志上撤稿而告一段落。韩春雨终究没有成功，所以影响因子又输了这一局。

本文原载《新发现》杂志2016年第11期，有删改。

声 明

按照《中华人民共和国著作权法》相关规定，本书中所涉及文字作品、美术作品、摄影作品等，我们已尽量寻找原作者支付报酬，但因条件限制有些仍未能联系到原作者，原作者如有关于支付报酬事宜可及时与出版社联系。

图书在版编目（CIP）数据

科学验证：那些天空及世间的证明 / 江晓原主编. — 上海：上海教育出版社, 2019.6
（江晓原科学读本）
ISBN 978-7-5444-9176-1

Ⅰ.①科… Ⅱ.①江… Ⅲ.①科学知识 – 普及读物
Ⅳ.①Z228

中国版本图书馆CIP数据核字(2019)第122278号

策划编辑　宁彦锋
责任编辑　王俊芳　茶文琼
书籍设计　陆　弦
印装监制　朱国范

江晓原科学读本
科学验证：那些天空及世间的证明
江晓原　主编

出版发行	上海教育出版社有限公司
官　　网	www.seph.com.cn
地　　址	上海市永福路123号
邮　　编	200031
印　　刷	上海中华商务联合印刷有限公司
开　　本	889×1194　1/32　印张6　插页4
字　　数	115千字
版　　次	2019年7月第1版
印　　次	2019年7月第1次印刷
书　　号	ISBN 978-7-5444-9176-1/N·0024
定　　价	48.00元

如发现质量问题，读者可向本社调换　　电话：021-64377165